Besoldungsordnung

(Gehaltstafeln)

der Beamten

der

Reichs- und preußischen Staatsbehörden.

Nach dem Stande vom 1. Oktober 1909.

Auf Grund amtlichen Materials bearbeitet

von

M. Walter,

Reichsbankbeamter.

Berlin 1910

J. Guttentag, Verlagsbuchhandlung,

G. m. b. H.

Vorwort.

Die vorliegende „Besoldungsordnung", bearbeitet nach den Besoldungsgesetzen vom 26. 5. 1909 (Preußen) und 15. 7. 1909 (Reich), entspricht einem praktischen Bedürfnis. Mit der Herausgabe derselben hoffe ich den Herren Beamten einen Dienst zu erweisen, die seit langem auf der Suche nach einem Werke sind, welches in übersichtlicher Zusammenstellung die verschiedenen Beamtengruppen aller Reichs- und preußischen Staatsbehörden mit den Neubesoldungen bringt. Aus dem amtlichen Material, welches meiner Arbeit zugrunde lag, habe ich selbstverständlich nur das herausgeschält, was mir zur Angabe praktisch und durchaus notwendig erschien.

Da eine Neuregelung der Beamtengehälter vor Ablauf der nächsten zehn Jahre nicht stattfinden wird, so ist dadurch das Werk vor baldiger Veraltung geschützt.

Möge sich die „Besoldungsordnung" in den Kreisen der Reichs- und preußischen Staatsbeamten einbürgern und sich als brauchbar erweisen, dann ist ihr Zweck erfüllt.

Der Verlagsbuchhandlung gebührt Dank für die gute Ausstattung des Werkes.

Berlin, im Dezember 1909.

M. Walter.

Inhaltsverzeichnis.

A. Reichsbehörden.

B. Preußische Staatsbehörden.

Anhang.

A. Reichsbehörden.

I. Reichstag.

(Berlin NW. 7, Am Königsplatz.)

		Gehalt †) *M*	BK †)	WG †)
1	Direktor (Dienstwohnung)	10 000	11*)	III
6	Registratoren und Kalkulatoren	3000—6600	52	III
1	Vorsteher des Stenographenbüreaus (außerdem 600 M pensionsfäh. Funktionszulage).			
11	Stenographen			
1	Ingenieur			
3	Sekretariats-Assistenten	2100—4500	35b	V
1	Leiter der Hausdruckerei			
1	Kanzleisekretär und Botenmeister (Dienstwohnung)	1800—4000	26a	V
1	erster Hausinspektor (Dienstwohnung)	2700	4*)	VI
1	Obermaschinenmeister "			
1	zweiter Hausinspektor "	1650—2300	13	VI
2	Maschinisten			
5	Kanzleidiener und Pförtner (2 Kanzleidiener haben Dienstwohnung.)	1400—2000	10	VI
	Bibliothek.			
1	Direktor (Außerdem 1200 M pensionsfähige Funktionszulage, davon 600 M künftig wegfallend.)	5400—7200	60	III
1	Oberbibliothekar	2700—7200	56	III
4	Bibliothekare			

II. Reichskanzler und Reichskanzlei.

(Berlin W. 8, Wilhelmstr. 77.)

1	Reichskanzler Einschl. 64 000 M Repräsentationskosten (außerdem freie Dienstwohnung mit Geräteausstattung).	100 000	22*)	
	Reichskanzlei.			
1	Unterstaatssekretär (Außerdem freie Dienstwohnung.)	20 000	18*)	I
1	vortragender Rat	8000—12 000	69	II
1	ständiger Hilfsarbeiter	5400—7800	65	III

†) Spalte 1 bedeutet Gehalt, Spalte 2 (BK) Besoldungsklasse, Spalte 3 (WG) Wohnungsgeldzuschuß-Tarifklasse.

*) Einzelgehälter.

		Gehalt M	BK	WG
1	Büreauvorsteher (Außerdem 1200 M pensionsfäh. Funktionszulage.)	4200—7800	64	III
5	Büreaubeamte			
1	Hausinspektor (Dienstwohnung)	1650—2300	13	VI
5	Kanzleidiener	1400—2000	10	VI
3	Hausdiener			
	(Die Einweisung der Beamten der Reichskanzlei in die Gehaltsstufen erfolgt nach dem Ermessen des Reichskanzlers.)			

III. Auswärtiges Amt.

(Zugleich Kgl. Preuß. Ministerium der auswärtigen Angelegenheiten.)

(Berlin W. 8, Wilhelmstr. 75 u. 76.)

1	Staatssekretär	50 000	22*)	
	Einschl. 14 000 M Repräsentationskosten (außerdem freie Dienstwohnung mit Geräteausstattung).			
1	Unterstaatssekretär	25 000	19*)	I
3	Direktoren	20 000	18*)	I
26	vortragende Räte	8000—12 000	69	II
21	ständige Hilfsarbeiter	5400—7800	65	III
1	Vorstand des Zentralbureaus	7800	9*)	III
11	Beamte des Zentralbureaus	4200—7800	64	III
1	Vorstand des Chiffrierbureaus	7200	7*)	III
1	Rendant der Legationskasse	5400—6600	55	III
1	Vorstand der Geheimen Kanzlei			
52	Expedienten	3000—6600	52	III
1	Bibliothekar			
91	Chiffreure, Geheime Registratoren und Kassenbeamte			
1	Geheimer Kanzleiinspektor			
50	Sekretariats-, Registratur- und Legationskassenassistenten	2100—4500	35b	V
54	Geheime Kanzleisekretäre	2400—4400	33	V
1	Kastellan	1650—2300	13	VI
2	Oberdrucker			
1	Botenmeister	1400—2000	10	VI
60	Kanzleidiener			
3	Pförtner			
7	Hausdiener			
3	Drucker			
	(Der Kastellan, der Botenmeister, 1 Kanzleidiener und 2 Pförtner haben Dienstwohnung.)			

Gesandtschaften, Konsulate und Schutzgebiete.

Das persönliche pensionsberechtigte Gehalt beträgt: für Botschafter 20 000 M, Gesandte 18 000 M, diplomatische Agenten und Generalkonsuln, Ministerresidenten 8000—12 000 M, Erste Botschaftssekretäre und Ersten Botschaftsdragoman in Konstantinopel 6300 M, Konsuln

4800—7800 M, den Direktor des Deutschen Instituts für ägyptische Altertumskunde in Kairo, Zweite und Dritte Botschaftssekretäre, Legationssekretäre, Zweiten Botschaftsdragoman in Konstantinopel, Dragoman in Teheran, Erste Dolmetscher in Peking, Tanger und Tokio, Kanzleivorstände bei den Botschaften 3000—6000 M, mit selbständigem Exequatur versehene Vizekonsuln, Dritten und Vierten Botschaftsdragoman in Konstantinopel, Zweite Dolmetscher in Peking, Tanger und Tokio, Dragomans, Dolmetscher und Kanzlerdragomans bei den Generalkonsulaten und Konsulaten in Ostasien, den Generalkonsulaten in Konstantinopel und Kairo, den Konsulaten in Beirut, Casablanca, Fes, Jerusalem, Salonik, Smyrna und Zanzibar sowie Kassierer bei dem Generalkonsulat in New York und Kanzleivorstände bei den Gesandtschaften 2500—5500 M, Botschafts- und Legationskanzlisten, Dolmetscher und Dragomans bei den Missionen in Bangkok, Belgrad, Bukarest und St. Petersburg sowie bei den nicht unter vorstehender Klasse bezeichneten Konsularbehörden, nicht mit selbständigem Exequatur versehene Vizekonsuln, Kanzleivorstand bei dem Generalkonsulat in Warschau, Kassierer bei dem Generalkonsulat in St. Petersburg sowie Kanzler und Sekretäre 2400—4500 M; Kanzlei- und Amtsdiener 1400—2000 M.

Bei den Botschaften, Gesandtschaften, Generalkonsulaten und Konsulaten haben zahlreiche obere, mittlere und Unterbeamte Dienstwohnung, zum Teil auch freie Dienstwohnung. Außerdem beziehen die Botschafter, Gesandten, diplomatischen Agenten und Generalkonsuln, Ministerresidenten und Konsuln Repräsentationsgelder in verschiedenen Höhen.

IV. Reichs-Kolonialamt.

(Berlin W. 8, Wilhelmstr. 62 u. Mauerstr. 45/46 [Kommando der Schutztruppen].)

		Gehalt M	BK	WG
	1. Zivilverwaltung.			
1	Staatssekretär	44 000	21*)	
	Einschl. 14000 M Repräsentationskosten (außerdem freie Dienstwohnung mit Geräteausstattung).			
1	Unterstaatssekretär	20 000	18*)	I
1	Direktor	14000—17000	70	I
13	vortragende Räte	8000—12 000	69	II
	(1 vortragender Rat 1500 M Funktionszulage.)			
8	ständige Hilfsarbeiter	5400—7800	65	III
3	Bauinspektoren	3000—7200	57	III
	(außerdem je 1000 M nichtpensionsfähige Stellenzulage).			
1	Büreauvorsteher	6600	6*)	III
	(außerdem eine Funktionszulage von 1200 M).			
1	Rendant der Kolonial-Hauptkasse	5400—6600	55	III
	(außerdem eine Funktionszulage von 600 M).			
58	Expedienten, Registratoren und Kassenbeamte (1 Expedient als Vorsteher der Geh. Kalkulatur eine Funktionszulage von 600 M.)	3000—6600	52	III
1	Kanzleivorsteher			
37	Sekretariats-, Registratur- und Kassenassistenten	2100—4500	35b	V
27	Kanzleisekretäre	2400—4400	33	V
	(1 Kanzleisekretär als Vertreter des Kanzleivorstehers eine nichtpensionsfähige Funktionszulage von 300 M.)			

		Gehalt ℳ	BK	WG
8	Kanzleisekretäre	1800—4000	26a	V
	Soweit die Stellen der Kanzleisekretäre mit Anwärtern besetzt werden, welche nach dem 31. März 1906 bei der Kolonial-Abteilung des Auswärtigen Amts eingetreten sind, beträgt die Besoldung nur 1800—4000 M.			
1	Kastellan (Dienstwohnung)	1400—2000	10	VI
1	Botenmeister			
	(Kastellan und Botenmeister erhalten eine nichtpensionsfähige Funktionszulage.)			
29	Kanzleidiener			
2	Pförtner (Dienstwohnung)			
2	Drucker			
	2. Militärverwaltung. (Kommando der Schutztruppen.)			
1	Kommandeur der Schutztruppen, als Stabsoffizier mit dem Range eines Regimentskommandeurs.	8772	.	II
	1500 M nichtpensionsfähige Stellenzulage, 2 Rationen,			
	als Generalmajor oder Stabsoffizier mit dem Range und den Gebührnissen eines Brigadekommandeurs	10 260		
	1500 M Stellenzulage (hiervon 900 M pensionsfähig), 3 Rationen.			
4	Stabsoffiziere als Referenten	6552	.	III
	900 M nichtpensionsfähige Stellenzulage, 2 Rationen.			
	Die Stabsoffiziere erhalten eine um 1150 M erhöhte Besoldung, wenn sie nach ihrem Dienstalter in der Armee die Oberstleutnantszulage erhalten würden.			
4	Hauptleute als Hilfsreferenten................	3400, 4600 oder 5100	.	III
	900 M nichtpensionsfähige Stellenzulage, 1 Ration.			
1	pensionierter Offizier (Hauptmann) 1422 M nichtpensionsfähige Zulage.	.	.	III
1	Generaloberarzt oder Oberstabsarzt als Referent:			
	als Generaloberarzt	6552	.	III
	1150 M pensionsfähige Zulage, 900 M nichtpensionsfähige Stellenzulage,			
	als Oberstabsarzt	6552	.	III
	900 M nichtpensionsfähige Stellenzulage,			
1	Stabsarzt als Hilfsreferent	3400, 4600 oder 5100	.	III
	900 M nichtpensionsfähige Stellenzulage.			

		Gehalt M	BK	WG
	(Die Sanitätsoffiziere sind gleichzeitig als Referenten bei der Zivilverwaltung tätig.)			
3	vortragende Räte	8000—12 000	69	II
2	ständige Hilfsarbeiter	5400—7800	65	III
1	Korpsstabsapotheker	3000—7200	57	III
	900 M nichtpensionsfähige Stellenzulage.			
	(Der Korpsstabsapotheker bearbeitet gleichzeitig die pharmazeutischen und chemischen Angelegenheiten der Zivilverwaltung.)			
21	Expedienten und Registratoren	3000—6600	52	III
5	Ober-Intendantursekretäre od. Indendantursekretäre	2100—4500	35a	V
	600 M nichtpensionsfähige Stellenzulage,			
	150 „ „ Zulage.			
7	Sekretariats- und Registratur-Assistenten	2100—4500	35b	V
1	Oberzahlmeister oder Zahlmeister für die Kassenverwaltung der Schutztruppen	2800—4200	31a	V
	540 M nichtpensionsfähige Stellenzulage.			

V. Reichsamt des Innern.

(Berlin W. 64, Wilhelmstr. 74.)

		Gehalt M	BK	WG
1	Staatssekretär	50 000	22*)	
	Einschl. 14 000 M Repräsentationskosten (außerdem freie Dienstwohnung mit Geräteausstattung).			
1	Unterstaatssekretär	20 000	18*)	I
3	Direktoren	14 000—17 000	70	I
23	vortragende Räte	8000—12 000	69	II
3	ständige Hilfsarbeiter	5400—7800	65	III
1	bautechnischer „			
1	Büreauvorsteher	6600	6*)	III
	(außerdem für Wahrnehmung der Geschäfte eines Büreauvorstehers für den Bundesrat 1800 M und eine persönliche Zulage von 900 M).			
62	expedierende Sekretäre, Kalkulatoren und Registratoren	3000—6600	52	III
1	Kanzleivorsteher			
	1 expedierender Sekretär erhält als Vorsteher der Kalkulatur eine Zulage von 600 M für die Dauer der Führung der Geschäfte.			
4	Büreaubeamte	2100—4500	35b	V
37	Kanzleisekretäre	1800—4000	26a	V
1	Oberdrucker	1650—2300	13	VI
1	Botenmeister			
1	Hausinspektor			
38	Kanzleidiener, Pförtner und Hausdiener	1400—2000	10	VI
1	Drucker			
	(6 Unterbeamte haben Dienstwohnung.)			

		Gehalt M	BK	WG
	Nachgeordnete Behörden:			
	a) Reichskommissariate.			
	Maschinisten-, Steuermanns- und Schifferprüfungswesen:			
2	Reichsinspektoren	4500—7500	63	III
	(außerdem erhalten bis zu einem Drittel der etatsmäßigen Stellen der Klasse 63 je 600 M pensionsfähige Zulage).			
	b) Bundesamt für das Heimatwesen.			
	(Berlin NW. 6, Luisenstr. 33/34.)			
1	Präsident	14 000	16*)	II
	(Nebenamtlich bezieht der Präsident für die Wahrnehmung der Geschäfte des Vorsitzenden der Reichsschulkommission 1500 M.)			
5	Mitglieder			
	1 Stelle	8000—11 000	68	II
	4 Stellen	1500	.	
	(Diese 4 Stellen werden als Nebenämter verwaltet.)			
1	Büreaubeamter	2100—5000	41	V
	c) Schiffsvermessungsamt.			
	(Berlin NW. 6, Luisenstr. 33/34.)			
1	Direktor	8000—11 000	68	II
3	Mitglieder	4500—7500	63	III
	(Die Beamten dieser Klasse erhalten bis zu einem Drittel der etatsmäßigen Stellen je 600 M pensionsfähige Zulage.)			
3	ständige Mitarbeiter	2700—6600	51	III
2	Büreaubeamte	2100—5000	41	V
3	Sekretariats-Assistenten	1800—3300	22	V
3	Kanzleisekretäre	1800—3200	18	V
1	Kanzleidiener	1200—1700	6a	VI
	d) Ober-Seeamt.			
	(Berlin W. 64, Wilhelmstr. 74.)			
1	Vorsitzender (im Nebenamte)	3000	.	.
1	Beisitzender (im Nebenamte)	1500	.	.
	e) Statistisches Amt.			
	(Berlin W. 10, Lützow-Ufer 6/8 u. 12.)			
1	Präsident (Dienstwohnung)	14 000—17 000	70	II
2	Direktoren	8000—11 000	68	II
16	Mitglieder	4500—7500	63	III

		Gehalt *M*	BK	WG
	(Die Beamten dieser Klasse erhalten bis zu einem Drittel der etatsmäßigen Stellen je 600 M pensionsfähige Zulage.)			
6	ständige Mitarbeiter	2700—6600	51	III
2	Büreauvorsteher	2100—5000	41	III
	(außerdem je 1200 M Zulage).			
114	Bureaubeamte	2100—5000	41	V
187	Sekretariats-Assistenten	1800—3300	22	V
19	Kanzleisekretäre	1800—3200	18	V
1	Botenmeister (zugleich Kastellan)	1200—1700	6a	VI
20	Kanzleidiener und Pförtner			
	(3 Unterbeamte haben Dienstwohnung.)			
	f) Normal-Eichungs-Kommission.			
	(Berlin-Charlottenburg, Werner-Siemensstr. 27/28.)			
1	Direktor (Nebenamt)	3000	.	.
6	Mitglieder	4500—7500	63	III
	(Die Beamten dieser Klasse erhalten bis zu einem Drittel der etatsmäßigen Stellen je 600 M pensionsfähige Zulage.)			
1	Mitglied für mechanisch-technische Angelegenheiten	3600—7200	58	III
19	ständige Mitarbeiter	2700—6600	51	III
1	Bureauvorsteher	2100—5000	41	V
5	Bureaubeamte			
3	Kanzleisekretäre	1800—3200	18	V
1	Kastellan	1200—1700	6a	VI
4	Kanzlei- und Laboratoriendiener			
	(1 Unterbeamter hat Dienstwohnung.)			
	g) Gesundheitsamt.			
	(Berlin NW. 23, Klopstockstr. 18.)			
1	Präsident (Dienstwohnung)	14000—17000	70	II
4	Direktoren	8000—11000	68	II
1	Direktor (im Nebenamte)	900	.	.
20	Mitglieder	4500—7500	63	III
	(2 Mitglieder, die die Stellen von Laboratoriumsvorstehern bekleiden, erhalten je 1200 M pensionsfähige Zulage, die übrigen Beamten dieser Klasse erhalten bis zu einem Drittel der etatsmäßigen Stellen je 600 M pensionsfähige Zulage.)			
14	ständige Mitarbeiter	2700—6600	51	III
1	Bureauvorsteher	2100—5000	41	V
31	Bureaubeamte			
7	Kanzleisekretäre	1800—3200	18	V

		Gehalt ℳ	BK	WG
1	Präparator	1650—2300	13	VI
1	Hofinspektor			
1	Hauswart	1200—1700	6a	VI
18	Kanzlei- und Laboratoriendiener und Pförtner			
	(5 Unterbeamte haben Dienstwohnung.)			
	h) Biologische Anstalt für Land- und Forstwirtschaft.			
	(Dahlem b. Berlin.)			
1	Direktor } Der Direktor und 1 Mitglied haben Dienstwohnung.	11 000	12*)	II
6	Mitglieder	4500—7500	63	III
	(Die Beamten dieser Klasse 63 erhalten bis zu einem Drittel der etatsmäßigen Stellen je 600 M pensionsfähige Zulage.)			
7	ständige Mitarbeiter	2700—6600	51	III
1	Bureauvorsteher	2100—5000	41	V
5	Bureaubeamte			
1	Obergärtner	2100—4500	35a	V
2	Kanzleisekretäre	1800—3200	18	V
2	Präparatoren	1650—2300	13	VI
1	Materialienverwalter			
8	Kanzleidiener, Pförtner und Laboratoriendiener	1200—1700	6a	VI
	Der Obergärtner, 1 Präparator, der Materialienverwalter und 1 Pförtner haben Dienstwohnung.			
	i) Patentamt.			
	(Berlin SW. 61, Gitschinerstr. 97—103.)			
1	Präsident (Dienstwohnung)	14 000—17 000	70	II
6	Direktoren	8000—11 000	68	II
15	Abteilungsvorsitzende	7000—9200	67	III
23	Mitglieder der Beschwerdeabteilung			
28	nichtständige Mitglieder	2000—4000	.	.
	(im Durchschnitt 3000 M).			
137	Mitglieder im Hauptamte	4500—7500	63	III
	(Die Beamten dieser Klasse erhalten bis zu einem Drittel der etatsmäßigen Stellen je 600 M pensionsfähige Zulage.) Die Stellen der nichtständigen Mitglieder werden als Nebenämter verwaltet, deren Besoldungen nichtpensionsfähig sind.			
90	ständige Mitarbeiter	2700—6600	51	III
1	Bureauvorsteher	2100—5000	41	III
	(außerdem 1200 M Zulage).			

		Gehalt *M*	BK	WG
212	Bureaubeamte	2100—5000	41	V
1	Kanzleivorsteher			
	(außerdem — nichtpensionsfähige — Zulage für 1 Bureaubeamten als Rendanten der Patentamtskasse 600 M und für 5 expedierende Sekretäre je 300 M).			
153	Kanzleisekretäre	1800—3200	18	V
1	Botenmeister	1200—1700	6a	VI
110	Kanzleidiener und Pförtner			
	Der Bureauvorsteher und 6 Unterbeamte haben Dienstwohnung.			
	k) Reichs-Versicherungsamt.			
	(Berlin W. 10, Königin-Augustastr. 25—27.)			
1	Präsident (Dienstwohnung)	14 000—17 000	70	II
1	erster Direktor	12 000	13*)	II
1	zweiter Direktor	11 000	12*)	II
23	Senatsvorsitzende	8000—11 000	68	II
	(darunter 1 zugleich mit der Leitung der technischen Arbeiten betraut).			
40	ständige Mitglieder	4500—7500	63	III
1	Vorsteher der Rechnungsstelle			
2	Mitglieder „ „			
	Die Beamten dieser Klasse erhalten bis zu einem Drittel der etatsmäßigen Stellen je 600 M pensionsfähige Zulage.			
2	technische Rechnungsbeamte	3600—6600	53	III
1	Ober-Rechnungsrevisor	2700—6600	51	III
2	Bureauvorsteher	2100—5000	41	III
	außerdem je 1200 M. Zulage.			
144	Bureaubeamte	2100—5000	41	V
1	Kanzleivorsteher			
	(4 expedierende Sekretäre erhalten je 300 M nichtpensionsfähige Zulage).			
83	Kanzleisekretäre	1800—3200	18	V
1	Botenmeister (zugleich Kastellan)	1200—1700	6a	VI
39	Kanzleidiener, Pförtner und Hausdiener			
	3 Unterbeamte haben Dienstwohnung.			
	l) Physikalisch-Technische Reichsanstalt.			
	(Charlottenburg, Marchstr. 25.)			
1	Präsident (Dienstwohnung)	14 000—17 000	70	II
1	Direktor (Dienstwohnung)	8000—11 000	68	II

		Gehalt M	BK	WG
14	Mitglieder	4500—7500	63	III
	Die Beamten dieser Klasse erhalten bis zu einem Drittel der etatsmäßigen Stellen je 600 M pensionsfähige Zulage.			
1	Mitglied (Werkstattvorsteher)	3600—7200	58	III
12	ständige Mitarbeiter	2700—6600	51	III
1	Bureauvorsteher	2100—5000	41	V
5	Bureaubeamte			
4	Kanzleisekretäre	1800—3200	18	V
2	Maschinisten			
7	technische Sekretäre	1800—3300	21	V
18	Mechaniker	1400—3000	16	V
1	Kastellan	1200—1700	6a	VI
4	Kanzlei- und Laboratoriendiener			
	(1 Bureaubeamter, 2 Maschinisten und 3 Unterbeamte haben Dienstwohnung.)			

m) Kanalamt.
(Kiel.)

1. Hauptverwaltung.

		Gehalt M	BK	WG
1	Präsident	12 000	13*)	II
	(bis zur Einrichtung einer Dienstwohnung 2400 M Mietentschädigung).			
1	Mitglied	4500—7500	63	III
1	Betriebsdirektor			
	Die Beamten dieser Klasse erhalten bis zu einem Drittel der etatsmäßigen Stellen je 600 M pensionsfähige Zulage.			
1	Vorsteher der Plankammer und des Technischen Bureaus	2700—5700	47	III
9	Sekretäre	2100—4500	35b	V
	(Außerdem erhält 1 als Bureauvorsteher fungierender Sekretär 600 M nichtpensionsfähige Zulage.)			
1	Zeichner	1800—3600	23	V
4	Sekretariats-Assistenten	1800—3300	21	V
6	Kanalschreiber und Kanzlisten	1650—3000	17	V
1	Schiffsführer	1400—2500	14	V
1	Maschinist			
3	Bureaudiener	1200—1700	6a	VI
1	Drucker			
	(1 Beamter hat Dienstwohnung.)			

		Gehalt ℳ	BK	WG
	2. Bauverwaltung.			
2	Kanalbauinspektoren (1 künftig wegfallend) (Dienstwohnung)	3000—7200	57	III
1	Maschinenbauinspektor (Dienstwohnung)			
3	Hilfsbeamten der Bauinspektoren	2700—5700	47	III
1	Werkmeister	2000—4000	27	V
1	Zeichner	1800—3600	23	V
3	Baggermeister	1800—3200	18	V
9	Kanalmeister	1650—3000	17	V
1	Materialienverwalter			
10	Schiffsführer	1400—2500	14	V
13	Maschinisten			
1	Oberwerkführer			
3	Steuermänner	1400—2100	11a	VI
3	Maschinisten-Assistenten			
2	Materialienverwalter (Unterbeamte)			
3	Leitungsaufseher	1200—1700	6a	VI
1	Magazinaufseher			
1	Glaser			
3	Nachtwächter	1100—1300	1	VI
	(14 Beamte haben Dienstwohnung.)			
	3. Betriebsverwaltung.			
1	Betriebsdirektor	4500—7500	63	III
	Die Beamten dieser Klasse erhalten bis zu einem Drittel der etatsmäßigen Stellen je 600 M pensionsfähige Zulage.			
2	Hafenkapitäne (Dienstwohnung)	3600—6600	53	III
2	Oberlotsen	2600—4000	28	V
2	Obermaschinisten	2500—3200	20	V
3	Hafenmeister (1 künftig wegfallend)	1800—3200	18	V
2	Oberschleusenmeister			
2	erste Maschinisten			
1	seemännisch-technischer Assistent			
110	Lotsen	1400—2500	14	V
4	Schleusenmeister			
32	Schiffsführer			
60	Maschinisten			
8	Steuermänner	1400—2100	11a	VI
8	Maschinisten-Assistenten			
6	Telegraphisten			
9	Weichenwärter			
8	Schleusenwärter	1200—1700	6a	VI
1	Brückenmeister			

		Gehalt ℳ	BK	WG
5	Fährwärter (1 künftig wegfallend)			
9	Weichenwärtergehilfen	1200—1700	6a	VI
	(124 Beamte haben Dienstwohnung.)			

n) Aufsichtsamt für Privatversicherung.
(Berlin W. 15, Ludwigskirchplatz 3/4.)

		Gehalt ℳ	BK	WG
1	Präsident (Dienstwohnung)....................	14 000—17 000	70	II
3	Direktoren	8000—11000	68	II
17	Regierungsräte u. ständige Mitglieder im Hauptamte	4500—7500	63	III
	Die Beamten dieser Klasse erhalten bis zu einem Drittel der etatsmäßigen Stellen je 600 M pensionsfähige Zulage.			
3	ständige Mitglieder im Nebenamte mit einer nichtpensionsfähigen Besoldung von je	1500	.	.
7	Versicherungs-Revisoren............................	3600—6600	53	III
1	Bureauvorsteher			
	(und 600 M pensionsfähige Zulage).	2100—5000	41	V
20	Bureaubeamte			
13	Kanzleisekretäre	1800—3200	18	V
1	Kastellan			
7	Kanzleidiener und Pförtner	1200—1700	6a	VI
	4 Unterbeamte haben Dienstwohnung.			

VI. Verwaltung des Reichsheeres in Preußen.

a) Kriegsministerium.
(Berlin W. 66, Leipzigerstr. 5.)

		Gehalt ℳ	BK	WG
1	Kriegsminister	36 000	24*)	.
	(Außerdem 14 000 M Repräsentationskosten und freie Dienstwohnung.)			
4	Departementsdirektoren	13 554	15	I
	Dienstzulage	4 500	.	.
	Als Generalmajor erhalten sie	10 554	.	.
	und die Dienstzulagen			
15	Abteilungschefs und } davon			
1	Remonte-Inspekteur }			
	4 als Generalmajor	10 260	.	I
	Dienstzulage	900	.	.
	12 als Stabsoffiziere	8772	.	II
	Dienstzulage	900	.	.
48	Offiziere in der Stellung als vortragende Räte...			
	37 Offiziere als Stabsoffiziere	6552	.	II
	Dienstzulage	900	.	.
	11 Offiziere als Hauptleute	5100	.	III
	Dienstzulage	900	.	.

		Gehalt M	BK	WG
	Ministerialräte vom Zivil.			
5	Abteilungschefs und			
27	vortragende Räte	8000—12 000	69	II
	Sanitätsoffiziere des Kriegsministeriums.			
1	Generalstabsarzt der Armee und Abteilungschef..	10 260	.	I
	Dienstzulage	4500	.	.
	Sobald ihm der Rang eines Generalleutnants verliehen ist	13 554	.	.
	und Dienstzulage	4500	.	.
5	ärztliche Referenten:			
	1 Generalarzt als Abteilungschef	8772	.	II
	Dienstzulage	900	.	.
	4 Oberstabsärzte — Dienstzulage	900	.	.
	Pensionierte Offiziere, Hilfsreferenten, Techniker usw.			
4	pensionierte Offiziere, 1 als Stabsoffizier 2142 M und 3 als Hauptleute oder Oberleutnants und Leutnants je 1422 M oder 1110 M nichtpensionsfähige Zulage.			
6	zur Dienstleistung beim Kriegsminister und den Departementsdirektoren kommandierte Offiziere je 900 M Dienstzulage.			
1	zur Dienstleistung beim Remonte-Inspekteur kommandierter Offizier 900 M Dienstzulage.			
1	Betriebsdirektor II. Klasse			
1	Oberstabsapotheker	6000—7200	62	III
2	Intendanturräte			
1	Intendantur- und Baurat	4200—7200	59	III
	Der Oberstabsapotheker erhält 600 M, der Betriebsdirektor sowie die Intendanturräte und der Intendantur- und Baurat erhalten bis zu einem Drittel der etatsmäßigen Stellen je 600 M pensionsfähige Zulage.			
1	Oberingenieur (Elektrotechniker)	3000—7200	57	III
3	Stabsärzte je 900 M Dienstzulage.			
1	Feuerwerkshauptmann } beziehen neben dem Gehalte			
2	Festungsbauhauptleute } eine Zulage von je 600 M.			
	Bureaubeamte.			
263	Expedienten, Registratoren und Kanzleivorsteher..	3000—6600	52	III
	In der Stelle eines Expedienten kann ein aktiver Feuerwerkshauptmann verwendet werden. Dieser bezieht außer dem ihm nach seinem Dienstgrade zustehenden Gehalte eine Zulage von 600 M.			

		Gehalt *M*	BK	WG
29	Kalkulatoren			
1	Bausekretär	2100—4500	35b	V
1	Plankammerverwalter			
79	Kanzleisekretäre	1800—4000	26a	V
2	Oberdrucker	1650—2300	13	VI
10	Drucker			
1	Botenmeister (dieser außerdem 150 M Zulage)			
56	Kanzleidiener			
7	Pförtner	1400—2000	10	VI
26	Hausdiener			
1	Maschinist und Heizer			
	Dem Kriegsministerium unterstellt:			
	1. Invalidenhaus Berlin.			
	(Berlin NW. 40, Scharnhorststr. 33.)			
1	evangelischer Pfarrer	3000—6600	52	III
1	Rendant	2800—4200	31 b	V
1	Inspektor	2000—3600	24	V
1	evangelischer Küster	1400—2000	10	VI
3	Hauswärter, Zivilkrankenwärter	1100—1600	4a	VI
1	Kirchhofsverwalter	600	1*)	VI
	2. Verwaltung des Zeughauses in Berlin.			
	(Berlin W. 66, Wilhelmstr. 82—85.)			
	(Preußischer Etat.)			
1	Kommandant des Zeughauses, bis	8500	34*)	III
1	Direktor	5400—7200	45	III
1	Direktorialassistent	2400—4800	24b	III
2	Bureaubeamte	2100—4500	22b	IV
	(1 vor dem 1. 4. 97 angestellter Bureaubeamter bezieht ein Gehalt von 1800—4800 M.)			
1	Oberzeugwart	1400—2000	7d	V
4	Zeugwarte I. Klasse			
20	Zeugwarte II. Klasse	1400—2000	7a	V
1	Waffenmeister			
1	Maschinenaufseher			
	(Die Unterbeamten beziehen nichtpensionsfähige Stellenzulagen bis zu 200 M.)			
	b) Militärkassenwesen.			
1	Generalkriegszahlmeister und Rendant	7500	8*)	III
2	Kriegszahlmeister und Oberbuchhalter	5400—6600	55	III
2	Kassierer bei den Oberbuchhaltereien	4800—6000	49	III
1	Rendant der Militärpensionskasse			
1	Kassierer bei der Militärpensionskasse	3600—4800	40	III
21	Buchhalter „ „ „			
15	Sekretäre „ „ „	2100—3600	25b	V

		Gehalt ℳ	BK	WG
6	Kassendiener	1400—2000	10	VI
1	Maschinist und Heizer			
2	Hausdiener	1100—1600	4a	VI
	c) Militärintendanturen.			
18	Intendanten	8000—12 000	69	II
18	Ober-Intendanturräte	4200—7200	59	III
96	Intendanturräte			
	Die Ober-Intendanturräte erhalten je 1200 M, die Intendanturräte bis zu einem Drittel der etatsmäßigen Stellen je 600 M pensionsfähige Zulage.			
48	Intendanturassessoren	3000—4200	32	III
740	Ober-Intendantur- und Intendantur-Sekretäre und -Registratoren	2100—4500	35a	V
30	Kanzlisten	1650—3000	17	V
19	Bureaudiener	1200—1700	6a	V
6	Pförtner	1100—1600	4a	VI
	d) Militärgeistlichkeit.			
2	Feldpröbste der Armee	12 500	14*)	II
25	Militär-Oberpfarrer	4200—7200	59	III
	(Außerdem bis zu einem Drittel der etatsmäßigen Stellen je 600 M pensionsfähige Zulage.)			
122	Divisions- und Garnisonpfarrer	3000—6600	52	III
131	Divisions- und Garnisonküster	1400—2000	10	VI
	(Je ein Küster in der evangelischen und der katholischen Feldprobstei bezieht eine pensionsfähige Dienstzulage von 720 M.)			
	e) Militär-Justizverwaltung.			
35	Oberkriegsgerichtsräte	6600—7800	66	III
160	Kriegsgerichtsräte	3000—7200	57	III
18	Militärgerichtsschreiber bei den kommandierenden Generalen und dem Gouverneur von Berlin	2100—4500	35a	V
100	Militärgerichtsschreiber bei den Divisions-Kommandeuren, Gouverneuren und Kommandanten	1800—4500	34	V
14	Militärgerichtsschreibergehilfen	1800—3300	21	V
82	Militärgerichtsboten	1200—1700	6a	VI
	f) Generalstab.			
1	Archivar für das Kriegsarchiv des Generalstabes	3600—4800	40	III
1	Bureauvorsteher	5400—6600	55	III
2	Kartographen	2100—5000	41	V
33	Expedienten und Registratoren			
9	Kanzleisekretäre	1800—3200	18	V
1	Botenmeister	1400—2000	10	VI
1	Heizer			

		Gehalt ℳ	BK	WG
8	Kanzleidiener	1200—1700	6a	VI
9	Hausdiener			
2	Pförtner			
1	Hauswächter			
1	Heizergehilfe			
	g) Landvermessungswesen.			
2	Expedienten und Registratoren	2100—5000	41	V
1	Kanzleisekretär	1800—3200	18	V
1	Botenmeister	1400—2000	10	VI
	Bureau des Chefs der Landesaufnahme, trigonometrische, topographische, kartographische Abteilung und Plankammer der Landesaufnahme.			
1	Plankammerinspektor	5400—6600	55	III
11	Vermessungsdirigenten			
126	Trigonometer, Topographen und Kartographen	2100—5000	41	V
3	technische Inspektoren			
1	Vorstand der Druckerei			
1	Oberphotograph			
30	Kupferstecher und Lithographen	2500—3200	20	V
1	Photograph			
1	Faktor			
1	Galvanoplastiker			
1	Mechaniker	1400—3000	16	V
1	Galvanoplastiker	1650—2300	13	VI
13	Kartendrucker (einschl. Oberdrucker)			
1	Rendant	4400—5500	45b	V
17	Expedienten und Registratoren	2100—5000	41	V
7	Kanzleisekretäre	1800—3200	18	V
2	Heizer	1400—2000	10	VI
9	Kanzleidiener	1200—1700	6a	VI
5	Hausdiener			
5	Pförtner			
2	Hauswächter			
2	Heizergehilfen			
12	etatsmäßige technische Gehilfen			
	h) Naturalverpflegung.			
31	Proviantamtsdirektoren (Außerdem für die Vorstände der Armee-Konservenfabrik je 1800 M nichtpensionsfähige Zulage.)	4400—5500	45b	V
58	Proviantmeister	3200—5000	43b	V
381	Proviantamts-Inspektoren	2000—3600	24	V
2	Ingenieure	3200—5000	43b	V
13	Mühlenmeister	1650—2300	13	VI
77	Backmeister	1600—2200	12	VI

		Gehalt *M*	BK	WG
2	Fabrikoberaufseher			
24	Maschinisten	1400—2000	10	VI
7	Magazin-Oberaufseher			
153	Magazinaufseher	1200—1700	6a	VI
19	Bureaudiener			
30	Magazinwächter, darunter 2 Pförtner	1100—1600	4a	VI
	i) Bekleidungsämter.			
17	Rendanten	3200—5000	43b	V
60	Bekleidungs-Inspektoren	2000—3600	24	V
28	Maschinisten und Heizer	1400—2000	10	VI
42	Packmeister	1200—1700	6a	VI
8	Bureaudiener			
7	Pförtner			
7	Hausdiener	1100—1600	4a	VI
7	Nachtwächter			
67	Lagerdiener			
	k) Garnisonverwaltungs- und Serviswesen.			
51	Direktoren	4400—5500	45b	V
68	Oberinspektoren	3000—4500	38	V
676	Garnison-Verwaltungs-Inspektoren	2000—3600	24	V
3	Förster	1500—2600	15	V
72	Maschinisten	1400—2000	10	VI
1152	Kasernenwärter	1100—1600	4a	VI
1	Totengräber in Metz	1100—1600	4a	VI
	l) Militärmedizinalwesen.			
2	pensionierte Oberstabs- und Stabsärzte, Vorstände der Sammlungen und der sanitätsstatistischen Abteilung 1482 M nichtpensionsfähige Zulage.			
1	Korpsstabsapotheker	3000—7200	57	III
1	Rendant	2800—4200	31b	V
2	Lazarettinspektoren, Kassenkontrolleur und Hausinspektor	2000—3600	24	V
1	Pförtner	1100—1600	4a	VI
15	Hausdiener und Aufwärter			
17	Korpsstabsapotheker	3000—7200	57	III
19	Stabsapotheker	2700—4500	37	III
9	Lazarett-Verwaltungsdirektoren	3200—5000	43b	V
39	„ Oberinspektoren	3000—4500	38	V
197	Lazarettinspektoren	2000—3600	24	V
1	Mechaniker	1400—3000	16	V
56	Maschinisten, Heizer und Gärtner	1400—2000	10	VI
1	Pförtner	1100—1600	4a	VI
288	Zivilkrankenwärter, Hausdiener und Kutscher			

		Gehalt *M*	BK	WG
	m) Verwaltung der Remontedepots.			
18	Administratoren	4400—5500	45a	V
18	Sekretäre	2000—3600	24	V
40	Wirtschaftsinspektoren			
25	Remontedepot-Oberstabsveterinäre oder -Stabsveterinäre	3400—5100	44	III
	Remontedepot-Oberveterinäre in diesen Stellen	2400—3200	19	V
58	Futtermeister	1100—1600	4a	VI
	n) Militär-Erziehungs- und Bildungswesen.			
	1. General-Inspektion.			
1	Sekretär und Registrator	2100—4500	35a	V
2	Kanzleisekretäre	2000—3600	24	V
1	Kanzleibote	1100—1600	4a	VI
	2. Ober-Militär-Prüfungs-kommission.			
1	Registrator	2100—3600	25a	V
2	Kanzleisekretäre	1650—3000	17	V
1	Kanzleidiener	1100—1600	4a	VI
1	Kasernenwärter			
	3. Kriegsakademie.			
1	Bibliothekar	4000	5*)	III
3	Zivillehrer, Professoren, für den Unterricht im Russischen	5800—7200	61	III
1	Rendant	2800—4200	31b	V
1	Hausinspektor und Kassenkontrolleur	2000—3600	24	V
1	Registrator	2100—3600	25a	V
3	Kanzleisekretäre	1650—3000	17	V
1	Maschinist und Heizer	1400—2000	10	VI
10	Pförtner, Bureau-, Kassen- und Hausdiener	1100—1600	4a	VI
	4. Militärtechnische Akademie.			
2	Professoren	5800—7200	61	III
5	Zivillehrer, Professoren			
1	Rendant	2800—4200	31b	V
1	Hausinspektor und Kassenkontrolleur	2000—3600	24	V
1	Feinmechaniker	1400—3000	16	V
1	Maschinist und Heizer	1400—2000	10	VI
3	Laboratoriumsdiener	1200—1700	6a	VI
8	Pförtner, Kassen-, Haus- und Bureaudiener	1100—1600	4a	VI

		Gehalt M	BK	WG
	5. Kriegsschulen.			
1	Maschinist	1400—2000	10	VI
10	Pförtner	1100—1600	4a	VI
	6. Kadettenanstalten. Kommando des Kadettenkorps.			
1	Oberstudiendirektor	9300	10*)	III
1	Sekretär	2800—4200	31b	V
1	Registrator und Journalist	2100—3600	25a	V
1	Kassensekretär	1650—3000	17	V
3	Kanzleisekretäre			
1	Kanzleidiener	1100—1600	4a	VI
1	Pförtner			
	Hauptkadettenanstalt und Kadettenhäuser.			
2	Studiendirektoren bei der Hauptkadettenanstalt ... (Außerdem je 600 M pensionsfähige Zulage.)	6000—7200	62	III
8	Studienräte bei den Voranstalten	5400—7200	60	III
88	Oberlehrer	2700—7200	56	III
10	Pfarrer	3000—6600	52	III
1	Elementarlehrer, Organist und Gesanglehrer bei der Hauptkadettenanstalt	1800—4200	29a	V
8	Elementarlehrer bei den Voranstalten			
10	Zivilerzieher auf Kündigung	2000	2*)	V
1	Rendant	3200—5000	43a	V
8	Rendanten bei den Voranstalten	2800—4200	31b	V
1	Kassenkontrolleur bei der Hauptkadettenanstalt ...			
12	Hausinspektoren	2000—3600	24	V
3	Kassensekretäre b. d. H.-K.-Anst.	1650—3000	17	V
4	Kanzleisekretäre b. d. H.-K.-Anst.			
8	Maschinisten	1400—2000	10	VI
214	Kanzleidiener, Pförtner, Tafeldecker, Aufwärter, Klassendiener, Lampenwärter, Gärtner, Hilfsmaschinisten, Heizer, Badewärter, Küster, Kirchendiener, Lazarettwärter, Nachtwächter	1100—1600	4a	VI
	7. Unteroffizierschulen.			
7	Rendanten	2800—4200	31b	V
45	Lehrer	1800—4200	29a	V
7	Büchsenmacher	1600—2200	12	VI
1	Maschinist	1400—2000	10	VI
20	Kasernenwärter	1100—1600	4a	VI
	8. Infanterie-Schießschule.			
1	technischer Beamter	3200—5000	43b	V
3	Büchsenmacher	1600—2200	12	VI
2	Kasernenwärter	1100—1600	4a	VI

		Gehalt *M*	BK	WG
	9. Militär-Turnanstalt.			
1	Hauswart	1100—1600	4a	VI
1	Hausdiener			
	10. Militärknaben-Erziehungsanstalt und Garnisonschule.			
1	evang. Pfarrer und Schulinspektor	3000—6600	52	III
1	kath. Geistlicher	2400	3*)	III
1	Rendant	2800—4200	31b	V
3	Inspektoren	2000—3600	24	V
14	Lehrer	1800—4200	29a	V
1	Maschinist	1400—2000	10	VI
1	Aufseher	1100—1600	4a	VI
2	Hausmänner			
1	Krankenwärter			
1	Gärtner			
1	Röhrmeister			
	11. Garnisonschule Frankfurt a. O.			
1	Lehrer	1800—4200	29a	V
	12. Inspektion des Militär-Veterinärwesens.			
1	Rendant	2800—4200	31b	V
1	Hausinspektor und Kassenkontrolleur	2000—3600	24	V
7	Hausdiener	1100—1600	4a	VI
	Lehrschmieden.			
5	Hausdiener	1100—1600	4a	VI
	13. Militärgefängniswesen.			
8	Rendanten	2800—4200	31b	V
2	Maschinisten	1400—2000	10	VI
	o) Artillerie- und Waffenwesen.			
	1. Feldzeugmeisterei.			
1	Registrator	2100—3600	25a	V
1	Kanzleidiener	1200—1700	6a	VI
	2. Artilleriedepot-Inspektion.			
1	Registrator	2100—3600	25a	V
1	Kanzleidiener	1200—1700	6a	VI

		Gehalt ℳ	BK	WG
	3. Zeug- und Feuerwerkspersonal.			
58	Zeughausbüchsenmacher	1650—2300	13	VI
	4. Artillerie- und Prüfungskommission.			
1	technischer Inspektor	2100—5000	41	V
1	Werkstättenvorsteher	2600—4000	28	V
1	Registrator	2100—3600	25a	V
1	Pförtner	1100—1600	4a	VI
1	Hausdiener			
	5. Oberfeuerwerkerschule.			
1	Kasernenwärter	1100—1600	4a	VI
	6. Technische Institute. Inspektion.			
2	Registratoren	2100—3600	25a	V
2	Kanzleidiener	1200—1700	6a	VI
	Technische Institute.			
1	Chefkonstrukteur	7000—9200	67	II
1	Direktor			
8	Betriebsdirektoren: 4 I. Klasse	7000—9200	67	II
	4 II. " — Letztere erhalten bis zu einem Drittel der etatsmäßigen Stellen je 600 M pensionsfähige Zulage.	6000—7200	62	III
3	Abteilungsvorstände (Zulage wie vorstehend)			
5	Konstrukteure: 2 I. Klasse (Zulage wie vorstehend)			
	3 II. Klasse	3000—7200	57	III
5	Wissenschaftliche Mitglieder			
45	Betriebsleiter			
14	Betriebsinspektoren und erste Revisoren	3200—5000	43b	V
20	Obermeister			
6	Oberrevisoren			
5	Hilfskonstrukteure	3200—5000	43a	V
10	Konstruktionszeichner	2100—4500	35a	V
1	Rendant	2800—4200	31b	V
1	Zeichnungenverwalter	2100—3600	25a	V
55	Revisionsbeamte	2500—3200	20	V
56	Meister			
20	Revisoren			
1	Materialienverwalter	1650—3000	17	V
8	Werkmeister und Maschinenaufseher	1400—2000	10	VI
7	Maschinenheizer			
82	Pförtner, Hausdiener, Nachtwächter	1100—1600	4a	VI

VII. Verwaltung der kaiserlichen Marine.

a) Reichs-Marineamt.

(Berlin W., Leipzigerplatz 13.)

		Gehalt ℳ	BK	WG
1	Staatssekretär	44 000	21*)	.
	Einschl. 14 000 M Repräsentationskosten (außerdem freie Dienstwohnung mit Geräteausstattung).			
1	Direktor	14 000—17 000	70	I
6	Abteilungschefs	8000—12 000	69	II
14	vortragende Räte			
1	Hilfsrat	5400—7800	65	III
1	Konstrukteur für Seezeichenwesen	4200—7200	59	III
1	Astronom			
2	Physiker			
	Der Konstrukteur und noch mehrere Beamtenstellen der Klasse 59 erhalten bis zu einem Drittel der etatsmäßigen Stellen je 600 M pensionsfähige Zulage.			
1	Bureauvorsteher	6600	6*)	III
	(außerdem 1200 M pensionsfähige Zulage).			
77	expedierende Sekretäre	3000—6600	52	III
38	Registratoren			
2	Kanzleivorsteher			
32	Konstruktionssekretäre			
5	Kalkulatoren	2100—4500	35b	V
3	Plankammerverwalter			
11	Registratur-Assistenten			
1	Kanzlei-Vorstand	4000	5*)	V
16	Kartographen	2100—5000	41	V
50	Kanzleisekretäre	1800—4000	26a	V
3	Konstruktionszeichner			
1	Bibliothekassistent			
1	Rechner	1800—3300	21	V
3	Kupferstecher	2500—3200	20	V
2	Lithographen			
2	Photographen			
3	Kartendrucker	1650—2300	13	VI
1	Oberdrucker			
2	Botenmeister	1400—2000	10	VI
70	Kanzlei- und Hausdiener, Pförtner			
4	Drucker	1400—2000	10	VI

		Gehalt ℳ	BK	WG
	b) Admiralstab der Marine.			
1	Bureauvorsteher	6600	6*)	III
15	Admiralstabssekretäre	3000—6600	52	III
6	Registratoren			
5	Kartographen	2100—5000	41	V
1	Photograph	2500—3200	20	V
9	Kanzleisekretäre	1800—4000	26a	V
2	Drucker	1400—2000	10	VI
1	Botenmeister			
9	Kanzleidiener			
1	Pförtner			
6	Hausdiener			
1	Drucker			
	c) Seewarte und Observatorium.			
1	Direktor der Seewarte	12 000	13*)	II
7	Abteilungsvorstände der Seewarte	4200—7200	59	III
1	Vorstand des Observatoriums in Wilhelmshaven			
1	Vorstand des Chronometer-Observatoriums in Kiel			
12	Assistenten der Seewarte	2700—6600	51	III
2	Assistenten des Observatoriums in Wilhelmshaven			
4	Vorsteher der Hauptagenturen der Seewarte	2500—3200	20	V
1	Kanzleisekretär des Observatoriums in Wilhelmshaven	1800—3200	18	V
1	Rechner des Observatoriums in Wilhelmshaven	1800—3300	21	V
6	Bureaudiener der Seewarte	1200—1700	6a	VI
1	Pförtner und Hauswart der Seewarte			
2	Drucker			
1	Bureaudiener und Hausdiener des Observatoriums in Wilhelmshaven	1200—1700	6a	VI
1	Bureaudiener und Hausdiener des Chronometer-Observatoriums in Kiel			
	d) Intendanturen.			
2	Intendanten	8000—12 000	69	II
3	Werftverwaltungsdirektoren			
2	Oberintendanturräte	4200—7200	59	III
20	Intendanturräte			
	(Die Oberintendanturräte erhalten je 1200 M, die Intendanturräte bis zu einem Drittel der etatsmäßigen Stellen je 600 M pensionsfähige Zulage.)			
15	Intendanturassessoren	3000—4200	32	III
109	Oberintendantur- und Intendantursekretäre	2100—4500	35a	V
23	Oberintendantur- und Intendantur-Registratoren			

		Gehalt ℳ	BK	WG
20	Kanzlisten	1650—3000	17	V
14	Bureaudiener	1200—1700	6a	VI
	e) Rechtspflege.			
5	Oberkriegsgerichtsräte	6600—7800	66	III
18	Kriegsgerichtsräte	3000—7200	57	III
2	Militärgerichtsschreiber bei Oberkriegsgerichten	2100—4500	35a	V
10	„ „ Kriegsgerichten	1800—4500	34	V
6	Gerichtsboten bei Oberkriegsgerichten	1200—1700	6a	VI
	f) Seelsorge und Garnisonschulwesen.			
3	evangelische } Oberpfarrer	4200—7200	59	III
1	katholischer } Oberpfarrer			
	(außerdem zu einem Drittel der etatsmäßigen Stellen je 600 M pensionsfähige Zulage).			
15	evangelische } Pfarrer	3000—6600	52	III
6	katholische } Pfarrer			
4	evangelische } Küster	1400—2000	10	VI
3	katholische } Küster			
1	Rektor }	1800—4200	29a	V
6	Lehrer }			
1	Lehrerin	1400—2500	14	IV
1	Schulwärter	1100—1600	4a	VI
	g) Naturalverpflegung.			
2	Rendanten	3200—5000	43b	V
2	Kontrolleure }	2000—3600	24	V
4	Assistenten }			
4	Magazinaufseher	1400—2000	10	VI
	h) Bekleidung.			
2	Rendanten	3200—5000	43b	V
2	Kontrolleure }	2000—3600	24	V
6	Assistenten }			
13	Magazinaufseher	1400—2000	10	VI
	i) Garnisonverwaltung.			
4	Garnisonverwaltungs-Direktoren	4400—5500	45b	V
2	„ -Oberinspektoren	3000—4500	38	V
9	„ -Inspektoren u. -Kontrolleure }	2000—3600	24	V
30	Kasseninspektoren }			
1	Wasserwerksinspektor	1800—3300	21	V
1	Obergärtner (Parkgärtner)	1500—2600	15	V

		Gehalt ℳ	BK	WG
1	Maschinist	1400—2500	14	V
7	Untermaschinisten	1400—2000	10	VI
1	Wasserwerksaufseher			
6	Heizer	1100—1600	4a	VI
61	Kasernen- und Gefängniswärter			
	k) Garnisonbauwesen.			
3	Intendantur- und Bauräte (außerdem bis zu einem Drittel der etatsmäßigen Stellen je 600 M pensionsfähige Zulage).	4200—7200	59	III
8	Garnisonbauinspektoren	3000—7200	57	III
1	Maschinenbauinspektor			
5	Intendanturbausekretäre	2100—4500	35a	V
4	Garnisonbauwarte	1800—4000	26b	V
9	Werkmeister	2000—4000	27	V
6	Zeichner	1650—3000	17	V
6	Garnisonbaukanzlisten	1500—2600	15	V
4	Bauaufseher	1400—2000	10	VI
	l) Sanitätswesen.			
2	Oberstabsapotheker	3000—7200	57	III
6	Stabsapotheker	2700—4500	37	III
3	Lazarettoberinspektoren	3000—4500	38	V
4	Lazarettverwaltungsinspektoren	2000—3600	24	V
11	Lazarettinspektoren			
5	Sanitätsdepotinspektoren			
3	Maschinisten	1400—2500	14	VI
4	Untermaschinisten	1400—2000	10	VI
2	Laboratoriendiener	1100—1600	4a	VI
1	Heizer			
22	Lazarettwärter			
	m) Bildungswesen.			
9	Oberlehrer	2700—7200	56	III
2	Bibliothekassistenten	1800—3300	21	V
1	Schiffsführer	1400—2500	14	V
3	Maschinisten			
1	Steuermann	1650—2300	13	VI
3	Untermaschinisten	1400—2000	10	VI
3	Hausaufseher			
2	Pförtner	1200—1700	6a	VI
1	Büchereidiener			

		Gehalt ℳ	BK	WG
	n) Instandhaltung der Flotte und der Werften.			
	1. Technisches Personal.			
11	Ressortdirektoren	8000—12 000	69	II
28	Betriebsdirektoren	4200—7200	59	III
47	Bauräte			
	(außerdem erhalten die Betriebsdirektoren je 1200 M und die Bauräte bis zu einem Drittel der etatsmäßigen Stellen je 600 M pensionsfähige Zulage).			
93	Baumeister	3000—7200	57	III
2	Gewerberäte	4200—7200	59	III
	(außerdem bis zu einem Drittel der betr. etatsmäßigen Stellen je 600 M pensionsfähige Zulage).			
49	Konstruktionssekretäre	3200—5000	43a	V
148	technische Sekretäre	2100—4500	35b	V
70	Werfttechniker	1800—3300	21	V
3	Photographen	2500—3200	20	V
50	Obermeister (einschl. 4 Maschinenmeister)	3200—5000	43b	V
194	Werkmeister	2000—4000	27	V
281	Werkführer	1650—2300	13	VI
	2. Betriebspersonal.			
22	Werftoberinspektoren	2800—4200	31b	V
54	Werftinspektoren	2500—3200	20	V
9	Werftmaschinisten I. Klasse			
30	Führer	1400—2500	14	V
7	Steuerleute	1650—2300	13	VI
58	Maschinisten	1400—2500	14	V
4	Spritzenmeister	1650—2300	13	VI
1	Kanalmeister	1650—3000	17	V
2	Dockwärter	1400—2000	10	VI
9	Brückenwärter			
	3. Verwaltungspersonal.			
2	Magazindirektoren	4400—5500	45b	V
14	Rendanten	3200—5000	43b	V
103	Werftverwaltungssekretäre	2100—4500	35a	V
6	Werftregistratoren			
14	Werftbetriebssekretäre	2100—3600	25b	V
203	Werftbuchführer	1800—3300	21	V
14	Werftschreiber	1650—3000	17	V
24	Kanzlisten			
9	Bauaufseher	1400—2000	10	VI
36	Magazinaufseher			

		Gehalt ℳ	BK	WG
3	Pförtner	1200—1700	6a	VI
8	Bureau- und Kassendiener			
4	Werftkrankenhauswärter	1100—1600	4a	VI
	o) Waffenwesen und Befestigungen.			
2	Garnisonbauwarte	1800—4000	26b	V
1	Schiffsführer	1400—2500	14	V
3	Maschinisten			
1	Untermaschinist	1400—2000	10	VI
14	Büchsenmacher	1600—2200	12	VI
	p) Torpedowesen.			
1	Vorstand des Torpedolaboratoriums (außerdem erhält ein Drittel der betr. etatsmäßigen Stellen je 600 M pensionsfähige Zulage).	4200—7200	59	III
1	Physiker für das Torpedowesen	2700—6600	51	III
8	Torpedotechniker	1800—3300	21	V
1	Maschinist	1400—2500	14	V
2	Schutzmänner, durchschnittlich	1400	.	VI
	q) Minenwesen.			
1	technischer Sekretär	2100—4500	35b	V
1	Minentechniker	1800—3300	21	V
1	Werkführer	1650—2300	13	VI
	r) Kassen- und Rechnungswesen.			
40	Stabszahlmeister	4800—5500	46	III
167	Zahlmeister	2500—4200	30	V
5	Kassendiener	1200—1700	6a	VI
	s) Küsten- und Vermessungswesen.			
1	Lotsenkommandeur	5400—6600	55	III
5	Oberlotsen	2600—4000	28	V
6	Schiffsführer	2500—3200	20	V
6	Steuerleute	1400—2500	14	V
5	Maschinisten			
1	Vorsteher des Brieftaubenwesens			
20	Lotsen I. Klasse			
6	Hafenlotsen			
25	Lotsen II. Klasse	1400—2100	11a	VI
3	Untersteuerleute			
1	Materialienverwalter			
3	Untermaschinisten			
4	Nebelsignalwärter I. Klasse	1650—2300	13	VI
1	„ II. „	1400—1800	9	VI

		Gehalt M	BK	WG
3	Maschinenwärter	1200—1700	6a	VI
14	Leuchtturmwärter			
	t) Zentralverwaltung für das Schutzgebiet Kiautschou.			
	1. Reichsmarineamt.			
1	vortragender Rat	8000—12 000	69	II
1	Intendanturrat	4200—7200	59	III
	(Die Beamten dieser Klasse erhalten bis zu einem Drittel je 600 M pensionsfähige Zulage.)			
5	expedierende Sekretäre	3000—6600	52	III
1	geheimer Konstruktionssekretär			
2	Registratoren			
1	Oberzahlmeister oder Zahlmeister	2500—4200	30	V
1	Kanzleisekretär	1800—4000	26a	V
1	Kanzleidiener	1400—2000	10	VI
	2. Intendantur.			
1	Intendanturassessor	3000—4200	32	III
4	„ sekretäre	2100—4500	35a	V
1	„ registrator			
1	Kanzlist	1650—3000	17	V
1	Bureaudiener	1200—1700	6a	VI

VIII. Reichsmilitärgericht.

(Berlin SW. 68, Markgrafenstr. 65.)

1	Präsident	13 980	.	.
	(General oder Admiral mit dem Range eines kommandierenden Generals) außerdem 18 000 M Dienstzulage, sowie freie Dienstwohnung mit Geräteausstattung und Feuerungsmaterial gegen Einbehaltung von 1980 M. 6 Rationen.			
2	Adjutanten, Majors	6552	.	III
3	etatsmäßige militärische Mitglieder (Vorsitzende in den Senaten), im Range der Brigade- oder Regimentskommandeure.			
3	etatmäßige militärische Mitglieder (Mitglieder der Senate), im Range der Regiments- oder Bataillons- und Abteilungskommandeure, sowie als Kapitän zur See, Fregatten- und Korvettenkapitän.			
	Die etatsmäßigen militärischen Mitglieder erhalten Gehalt, Wohnungsgeldzuschuß und die etwaigen Zulagen ihres Dienstgrads.			

		Gehalt M	BK	WG
11	außeretatsmäßige militärische Mitglieder je 600 M Zulage.			
3	Senatspräsidenten	15 000	17*)	II
1	Obermilitäranwalt			
12	Reichsmilitärgerichtsräte	13 000	15*)	II
4	Militäranwälte			
1	Bureauvorsteher (außerdem 600 M pensionsfähige Zulage).	6600	6*)	III
1	Bibliothekar	3000—6600	52	III
11	Obersekretäre, darunter 1 Kanzleidirektor			
11	Kanzleisekretäre	1800—4000	26a	V
1	Botenmeister	1400—2000	10	VI
6	Boten			
1	Hausdiener			
1	Pförtner			
1	Maschinist			

IX. Reichs-Justizverwaltung.

a) Reichs-Justizamt.

(Berlin W. 9, Voßstr. 4.)

1	Staatssekretär Einschl. 14 000 M Repräsentationskosten (außerdem freie Dienstwohnung).	44 000	21*)	.
1	Direktor	14 000—17 000	70	I
9	vortragende Räte	8000—12 000	69	II
1	Bureauvorsteher (außerdem 1200 M Zulage).	6600	6*)	III
19	expedierende Sekretäre, Kalkulatoren und Registratoren	3000—6600	52	III
1	Kanzleivorsteher			
7	Bureaubeamte	2100—4500	35b	V
5	Kanzleisekretäre	1800—4000	26a	V
1	Kanzleisekretär (Strafregister)	1800—3200	18	V
1	Botenmeister (zugleich Hausinspektor)	1400—2000	10	VI
8	Kanzleidiener			
2	Pförtner			
2	Hausdiener			
	(Der Botenmeister, ein Kanzleidiener, die beiden Pförtner und die beiden Hausdiener haben Dienstwohnung.)			

b) Reichsgericht.

(Leipzig.)

1	Präsident Einschl. 10 000 M Repräsentationskosten (außerdem freie Dienstwohnung).	36 000	20*)	.

		Gehalt ℳ	BK	WG
11	Senatspräsidenten	15 000	17*)	II
88	Reichsgerichtsräte	13 000	15*)	II
1	Ober-Reichsanwalt	15 000	17*)	II
5	Reichsanwälte	13 000	15*)	II
1	Oberbibliothekar	2700—7200	56	III
2	Bibliothekare			
1	Bureauvorsteher (außerdem 1200 M Zulage).	6600	6*)	III
24	Obersekretäre	3000—6600	52	III
1	Kanzleivorsteher			
8	Sekretariats-Assistenten	2100—4500	35b	V
30	Kanzleisekretäre	1800—4000	26a	V
1	Maschinist (Dienstwohnung)	1400—2000	10	VI
1	Botenmeister			
1	Kastellan (Dienstwohnung)			
24	Boten			
1	Hausdiener (Dienstwohnung)			
2	Pförtner (Dienstwohnung)			

X. Reichsschatzamt.

(Berlin W. 66, Wilhelmstr. 60/61 und Wilhelmsplatz 1/2.)

		Gehalt ℳ	BK	WG
1	Staatssekretär Einschl. 14 000 M Repräsentationskosten (außerdem freie Dienstwohnung).	44 000	21*)	.
1	Unterstaatssekretär	20 000	18*)	I
1	Direktor	14 000—17 000	70	I
16	vortragende Räte	8000—12 000	69	II
1	Bureauvorsteher (außerdem 1200 M Zulage).	6600	6*)	III
1	Vorsteher der Hauptbuchhalterei und 600 M Zulage, außerdem für die Dauer der Führung der Geschäfte als Vorsteher der Kalkulatur eine Zulage von 600 M.	6600	6*)	III
40	expedierende Sekretäre, Kalkulatoren und Registratoren	3000—6600	52	III
1	Kanzleivorsteher			
18	Kanzleisekretäre	1800—4000	26a	V
1	Kastellan (Dienstwohnung)	1400—2000	10	VI
1	Botenmeister (Dienstwohnung)			
12	Kanzleidiener			
3	Pförtner (Dienstwohnung)			

		Gehalt M	BK	WG
	a) Zoll- und Steuer-Rechnungsbureau des Reichsschatzamts. (Berlin W. 66, Leipzigerstr. 126.)			
1	Bureauvorsteher (außerdem 1200 M Zulage).	6600	6*)	III
4	expedierende Sekretäre und Kalkulatoren	3000—6600	52	III
	b) Rendantur des Reichs-Invalidenfonds. Die Geschäfte werden von Beamten des Reichsschatzamts wahrgenommen.			
	Dem Reichsschatzamt nachgeordnet: Technische Prüfungsstelle. (Berlin NW. 6, Luisenstr. 32.)			
1	Vorstand (im Nebenamt)	1000	.	.
2	Mitglieder — Die Beamten dieser Klasse erhalten bis zu einem Drittel der etatsmäßigen Stellen je 600 M pensionsfähige Zulage.	4500—7500	63	III
3	ständige Mitarbeiter	2700—6600	51	III
3	Bureaubeamte	2100—5000	41	V
1	Kanzleisekretär	1800—3200	18	V
1	Pförtner (zugleich Hauswart) }	1200—1700	6a	VI
1	Kanzleidiener } (Der Pförtner hat Dienstwohnung.)			

XI. Reichs-Eisenbahnamt.

(Berlin W. 9, Linkstr. 44.)

		Gehalt M	BK	WG
1	Präsident (außerdem freie Dienstwohnung).	20 000	18*)	I
8	vortragende Räte (ein vortragender Rat erhält für ständige Vertretung des Präsidenten 900 M Zulage).	8000—12 000	69	II
1	Bureauvorsteher (außerdem 600 M pensionsfähige Zulage).	6600	6*)	III
26	expedierende Sekretäre, Kalkulatoren und Registratoren }	3000—6600	52	III
1	Kanzleivorsteher }			
3	Bureaubeamte	2100—4500	35b	V
8	Kanzleisekretäre	1800—4000	26a	V
1	Botenmeister (zugleich Kastellan), Dienstwohnung }	1400—2000	10	VI
6	Boten }			
1	Pförtner (Dienstwohnung) }			

XII. Rechnungshof des Deutschen Reiches.

(Potsdam.)

		Gehalt *M*	BK	WG
	Der Chef-Präsident (bezieht seine Besoldung von Preußen; 48,5 vom Hundert des Betrages sind der preußischen Regierung zu vergüten) .... (Außerdem freie Dienstwohnung von Preußen.)	10 185	.	.
3	Direktoren	14 000	16*)	II
16	vortragende Räte .... außerdem für einen mit der Wahrnehmung von Direktorialgeschäften beauftragten vortragenden Rat 1000 M.	8000—12 000	69	II
129	Revisoren und Registratoren	3000—6600	52	III
1	Kanzleidirektor			
1	Beamter der Annahmestelle .... 1 Revisor hat Dienstwohnung.			
8	Kanzleisekretäre	1800—4000	26a	V
1	Kastellan	1400—2000	10	VI
1	Maschinist und Heizer			
10	Kanzleidiener und andere Unterbeamte .... (Der Kastellan, der Maschinist und Heizer sowie drei weitere Unterbeamte haben Dienstwohnung.)			

XIII. Reichs-Post- und Telegraphenverwaltung.

a) Zentralverwaltung.

(Berlin W. 66, Leipzigerstr. 15.)

1	Staatssekretär .... Einschl. 14000 M Repräsentationskosten (außerdem freie Dienstwohnung).	44 000	21*)	.
1	Unterstaatssekretär	20 000	18*)	I
3	Direktoren	14000—17 000	70	I
26	vortragende Räte .... (außerdem 4 vortragende Räte für Wahrnehmung der Geschäfte eines Abteilungsdirigenten je 900 M pensionsfähige Zulage).	8000—12 000	69	II
4	ständige Hilfsarbeiter	5400—7800	65	III
3	Ober-Telegrapheningenieure			
128	Geheime expedierende Sekretäre und Kalkulatoren sowie Geheime Registratoren	3000—6600	52	III
1	Vorsteher der Bücherei des Reichs-Postamts			
1	„ des Postanweisungsamts			
1	„ „ Postmuseums			

		Gehalt ℳ	BK	WG
18	Telegrapheningenieure	3000—6600	52	III
1	Geheimer Kanzleidirektor			
	(außerdem pensionsfähige Zulagen von je 600 M für 4 als Bureauvorsteher fungierende Geheime expedierende Sekretäre und Kalkulatoren).			
	In den Stellen für Geheime expedierende Sekretäre können auch Ober-Postinspektoren beschäftigt werden.			
1	technischer Hilfsarbeiter für Bausachen und Vorsteher des technischen Baubureaus	3000—7200	57	III
4	Telegrapheninspektoren bei der Telegraphenapparat-Werkstatt und beim Telegraphen-Versuchsamte.	2500—5000	42	III
1	General-Postkassenrendant	7500	8*)	III
1	Oberbuchhalter	3000—6600	52	III
1	Kassierer der General-Postkasse			
14	Buchhalter bei der General-Postkasse und zwar:			
	8 Buchhalter	3600—4800	40	III
	6 "	2100—4500	35b	V
	(außerdem eine nichtpensionsfähige Zulage von je 600 M).			
28	Geheime Kanzleisekretäre	1800—4000	26a	V
1	Bauzeichner	1800—4200	29b	V
2	Kartenzeichner	2100—4500	35b	V
24	Ober-Postpraktikanten	2500—4500	36	III
	Diese Stellen können beim Freiwerden in solche für Bureau- und Rechnungsbeamte I. Klasse umgewandelt werden.			
19	Bureau- und Rechnungsbeamte I. Klasse........	2100—4500	35b	V
	(außerdem für die 10 ältesten bis 600 M, im Durchschnitt je 300 M pensionsfähige Zulage).			
9	Bausekretäre	2100—4500	35b	V
3	technische Sekretäre			
90	Bureaubeamte beim Reichs-Postamt			
	Letztere erhalten, wenn sie aus der früheren Elevenklasse hervorgegangen, aber zur Ablegung der höheren Verwaltungsprüfung nicht mehr berechtigt sind, eine pensionsfähige Zulage von je 300 M			
58	Bureaubeamte II. Klasse bei der Reichs-Post- und Telegraphenverwaltung	1800—3300	21	V
9	Lagerverwalter } bei der Reichs-Post- und Telegraphenverwaltung			
1	Bauschreiber }			
123	Mechaniker	1400—3000	16	V
5	Postgehilfinnen	1300—1800	8	IV
3	Kastellane	1400—2000	10	VI
1	Botenmeister			

		Gehalt M	BK	WG
58	Kanzleidiener, Kassendiener, Pförtner und Hausdiener	1400—2000	10	VI
9	Drucker			
25	Unterbeamte beim Postmuseum, Postanweisungsamte, Telegraphen-Versuchsamte, bei der Telegraphen-Apparatwerkstatt (9 Unterbeamte haben Dienstwohnung.)	1200—1700	6b	VI
	b) Betriebsverwaltung.			
	1. Ober-Postdirektionen.			
41	Ober-Postdirektoren	8000—12 000	69	II
305	Ober-Posträte und Posträte, darunter 21 Abteilungsdirigenten, sowie 21 Postbauräte	4200—7200	59	III
	Die Ober-Posträte erhalten als Abteilungsdirigenten je 1200 M pensionsfähige Zulage; die Posträte und Postbauräte erhalten bis zu einem Drittel der etatsmäßigen Stellen je 600 M pensionsfähige Zulage.			
295	Ober-Postinspektoren	3000—6000	48	III
17	Postbauinspektoren	3000—7200	57	III
40	Rendanten der Ober-Postkassen	4800—6000	49	III
88	Hilfsreferenten	2500—5000	42	III
29	Ober-Postkassenkassiere	3000—4500	38	V
	Diese Beamten erhalten, wenn sie aus der früheren Elevenklasse hervorgegangen, aber zur Ablegung der höheren Verwaltungsprüfung nicht mehr berechtigt sind, eine pensionsfähige Zulage von je 300 M, insoweit sie eine solche nicht schon aus anderen Gründen beziehen.			
892	Ober-Postpraktikanten	2500—4500	36	III
	Stellen für Ober-Postpraktikanten können beim Freiwerden in solche für Bureau- und Rechnungsbeamte I. Klasse umgewandelt werden.			
53	Bureau- und Rechnungsbeamte I. Klasse (außerdem für die 10 ältesten bis 600 M, im Durchschnitt je 300 M pensionsfähige Zulage).	2100—4500	35b	V
158	Ober-Postkassenbuchhalter	2100—4500	35b	V
	Diese erhalten, wenn sie aus der früheren Elevenklasse hervorgegangen, aber zur Ablegung der höheren Verwaltungsprüfung nicht mehr berechtigt sind, eine pensionsfähige Zulage von je 300 M.			
66	Bausekretäre	2100—4500	35b	V
1541	Bureaubeamte II. Klasse (darunter 218 Kanzleibeamte).	1800—3300	21	V

		Gehalt ℳ	BK	WG
467	Postgehilfinnen .... (5 Beamte haben Dienstwohnung.)	1300—1800	8	IV
565	Unterbeamte .... (40 Unterbeamte haben Dienstwohnung.)	1200—1700	6b	VI
	2. Post- und Telegraphenämter.			
1045	Direktoren von größeren Ämtern I. Klasse .... (Die Direktoren von kleineren Ämtern I. Klasse haben das Diensteinkommen der Vizedirektoren bei Ämtern I. Klasse.)	3000—7200	57	III
1	Direktor beim Postzeitungsamte..............			
71	Vizedirektoren bei Ämtern I. Klasse	3000—6000	48	III
1	Inspektor des Post-Zeitungsamts			
1	Kontrolleur } bei dem Postzeitungsamte.........	4400—5500	45b	V
1	Kassier } bei dem Postzeitungsamte.........	3200—5000	43b	V
	(834 Beamte haben Dienstwohnung.)			
752	Post- und Telegrapheninspektoren bei den Verkehrsämtern	2500—5000	42	III
231	Ober-Postpraktikanten .... Diese Stellen können beim Freiwerden in solche für Obersekretäre umgewandelt werden.	2500—4500	36	III
1681	Ober-Postsekretäre und Ober-Telegraphensekretäre. Diese Beamten erhalten, wenn sie aus der früheren Elevenklasse hervorgegangen, aber zur Ablegung der höheren Verwaltungsprüfung nicht mehr berechtigt sind, eine pensionsfähige Zulage von je 300 M.	2100—4500	35b	V
9	Maschinenmeister	2100—4500	35b	V
5	Ober-Postpraktikanten als Vorsteher von deutschen Postämtern II. Klasse im Auslande und in den Schutzgebieten .... Diese Stellen können beim Freiwerden in solche für Vorsteher von Postämtern II. Klasse (Postmeister) umgewandelt werden.	2500—4500	36	III
689	Vorsteher von Postämtern II. Klasse (Postmeister). (Anmerkung wie bei den Ober-Postsekretären.)	2100—4500	35b	V
3390	Post- und Telegraphensekretäre .... (776 Beamte haben Dienstwohnung.)	1800—4200	29b	V
32986	Ober-Post- und Ober-Telegraphenassistenten, Post- und Telegraphenassistenten	1800—3300	21	V
44	Lagerverwalter bei Telegraphenzeugämtern			
44	Maschinisten			
444	Mechaniker	1400—3000	16	V
18	Dachdeckeraufseher............................ (109 Beamte haben Dienstwohnung.)			

		Gehalt M	BK	WG
3085	Vorsteher von Postämtern III. Klasse (Postverwalter)	1800—3300	21	V
4982	Post- und Telegraphengehilfinnen	1300—1800	8	IV
16500	Unterbeamte in gehobenen Dienststellen	1400—2100	11a	VI
47286	Unterbeamte in sonstigen Zweigen des inneren Dienstes bei den Post- und Telegraphenämtern, des Ortsbestell-, Postbegleitungs- und Leitungsaufseherdienstes	1100—1700	5	VI
101	Postschaffner beim Post-Zeitungsamte	1200—1700	6b	VI
	(997 Unterbeamte haben Dienstwohnung.)			
24500	Unterbeamte im Landbestelldienste, Botenpostdienste und Leitungsaufseherdienste, sowie im Ortsdienste bei Postagenturen	1100—1400	2	VI
	(1762 Unterbeamte haben Dienstwohnung.)			

XIV. Reichsdruckerei.

(Berlin SW. 68, Oranienstr. 91.)

1	Kurator	1500	.	.
	Die Stelle wird als Nebenamt verwaltet, die Besoldung ist nicht pensionsfähig.			
1	Direktor	8000—12 000	69	II
2	Verwaltungsmitglieder			
1	Vorsteher der chalkographischen Abteilung			
1	„ „ Gravierabteilung	4200—7200	59	III
1	„ „ Maschinenabteilung			
3	Betriebsinspektoren			
	Diese Beamten erhalten bis zu einem Drittel der betr. etatsmäßigen Stellen je 600 M pensionsfähige Zulage.			
1	Rendant	4800—6000	49	III
1	Chemiker	2700—6600	51	III
1	Oberrevisor	2700—5700	47	III
12	Sekretäre			
10	technische Sekretäre			
1	Kupferstecher			
1	erster Graveur	2100—5000	41	V
17	Oberwerkmeister (Oberfaktoren, Ober-Maschinenmeister, Oberphotograph und Galvanoplastiker)			
27	Revisoren und Bureauassistenten	1800—3300	21	V
57	Betriebsassistenten und Werkmeister			
1	Pförtner			
1	Botenmeister	1200—1700	6a	VI
1	Kassenbote			
	(8 Beamte haben Dienstwohnung.)			

XV. Verwaltung der Reichs-Eisenbahnen.

a) Zentralverwaltung.

(Berlin W. 9, Voßstr. 35.)

		Gehalt ℳ	BK	WG
	Der Chef des Reichsamts für die Verwaltung der Reichs-Eisenbahnen (ohne Besoldung).			
4	vortragende Räte	8000—12 000	69	II
	Für den mit der Wahrnehmung von Direktorialgeschäften beauftragten vortragenden Rat eine Zulage von 1500 M.			
1	Eisenbahn-Bau- und Betriebsinspektor oder Eisenbahn-Bauinspektor	3600—7200	58	III
5	expedierende Sekretäre, Kalkulatoren und Registratoren	3000—6600	52	III
2	Kanzleisekretäre	1800—4000	26a	V
2	Kanzleidiener	1400—2000	10	VI
	b) Betriebsverwaltung.			
1	Präsident der Generaldirektion (außerdem Dienstwohnung unter Gehaltsabzug von 150 M).	14 000	16*)	II
27	Mitglieder der Generaldirektion	4200—7200	59	III
	Von diesen Mitgliedern erhalten Oberräte je 1200 M, der ständige Vertreter des Präsidenten außerdem 600 M pensionsfähige Zulage, die übrigen erhalten bis zu einem Drittel der etatsmäßigen Stellen je 600 M pensionsfähige Zulage.			
11	Eisenbahn-Betriebsdirektoren	4200—7200	59	III
42	Vorstände der Betriebs-, Maschinen-, Werkstätteninspektionen und der Telegrapheninspektion, Stellvertreter der Vorsteher des betriebstechnischen, des bautechnischen und des maschinentechnischen Bureaus, sowie Leiter der Konstruktionsabteilung des letzteren Bureaus	3600—7200	58	III
1	Rechnungsdirektor	4200—6600	54	III
14	Eisenbahn-Bau- und Betriebsinspektoren und Eisenbahn-Bauinspektoren	3000—7200	57	III
1	Hauptkassen-Rendant	4800—6000	49	III
1	Hauptkassen-Kassier	3000—4500	38	V
9	Eisenbahn-Betriebskontrolleure	}		
36	Oberbahnhofsvorsteher	} 2100—4500	35a	V
35	Obergütervorsteher und Oberkassenvorsteher	}		
7	Oberbahnmeister	2100—4500	35b	V

		Gehalt ℳ	BK	WG
87	technische Eisenbahnsekretäre, einschl. bau- und maschinentechnische Kontrolleure, technische Rechnungsrevisoren	2100—4500	35b	V
	Chemiker	2700—4800	39	V
290	nichttechnische Eisenbahnsekretäre einschl. nichttechnische Rechnungsrevisoren und Verkehrskontrolleure	2100—4500	35a	V
	43 Stellen für nichttechnische Eisenbahnsekretäre fallen in der Weise künftig weg, daß sie bei ihrem Freiwerden mit nichttechnischen Bureauassistenten besetzt werden.			
104	Bahnhofsvorsteher			
99	Güter- und Kassenvorsteher	2000—4000	27	V
65	Bahnmeister I. Klasse			
56	Werkmeister			
116	Betriebssekretäre (darunter 2 technische)			
40	technische Bureauassistenten			
153	nichttechnische "			
1163	Bahnhofsverwalter und Stationsassistenten	1800—3300	21	V
101	Bahnmeister			
15	Telegraphenkontrolleure			
13	Materialienverwalter			
38	Kanzlisten	1650—3000	17	V
900	Lokomotivführer	1400—2500	14	V
502	Zugführer und Oberpackmeister	1400—2100	11a	V
36	Telegraphisten	1400—2100	11a	VI
101	Werkführer (darunter 8 Telegraphenmechaniker)	1400—2100	11b	VI
394	Lademeister			
204	Schirrmeister			
127	Wagenmeister	1400—2100	11a	VI
300	Bahnhofsaufseher und Unterassistenten (Weichensteller I. Klasse)			
117	Packmeister			
320	Stellwerksweichensteller	1400—1800	.	.
49	Maschinenwärter			
900	Lokomotivheizer	1200—1800	7	VI
10	Fahrkarten- und Steindrucker			
28	Magazinaufseher	1200—1700	6a	VI
30	Bureau- und Hauptkassendiener			
1329	Weichensteller, Eisenbahngehilfen und Wagenwärter	1100—1600	4b	VI
1538	Schaffner und Bremser	1100—1500	3a	VI
338	Rottenführer	1100—1600	4b	VI
216	Schirrmänner			
79	Portiers	1100—1500	3b	VI
184	Bahnsteigschaffner			

		Gehalt ℳ	BK	WG
1317	Bahnwärter	1100—1300	1	VI
44	Nachtwächter			
	(2119 Beamte erhalten Dienstwohnung, außerdem haben 18 Beamte freie Dienstwohnung.)			

XVI. Reichsbank.

(Berlin SW. 19, Jägerstr. 34—36.)

a) Direktorium.

		Gehalt ℳ	BK	WG
1	Präsident des Reichsbank-Direktoriums (freie Dienstwohnung mit Geräteausstattung).	40 000	.	.
1	Vizepräsident	18 000	.	I
7	Mitglieder des Reichsbank-Direktoriums	9000—15 000	.	I

b) Die übrigen Beamten.

		Gehalt ℳ	BK	WG
1	ständiger (bautechnischer) Hilfsarbeiter		.	.
1	Beamter für Abnahme der Rechnungen			
1	Bureaudirektor der Hauptbank		.	II
21	I. Vorstandsbeamte der Reichsb.-Hauptstellen		.	III
58	I. „ „ Reichsb.-Stellen I. Ordg.		.	III
16	I. „ „ Reichsb.-Stellen II. Ordg.		.	III
21	II. „ „ Reichsb.-Hauptstellen		.	.
58	II. „ „ Reichsb.-Stellen I. Ordg.		.	.
16	II. „ „ Reichsb.-Stellen II. Ordg.		.	.
11	Bureauvorsteher der Hauptbank. Gruppe I		.	III
3	„ „ „ „ II		.	III
38	Kassiere der Hauptbank		.	III
216	Oberbuchhalter, Oberkalkulatoren, Geh. Registratoren, Geh. exped. Sekretäre u. Kanzl.-Vorst. d. Hauptbk.		.	III
349	Vorstände der Reichsbank-Nebenstellen		.	V
20	Oberbuchhalter und Kontorvorsteher der Reichsbank-Hauptstellen und Reichsbank-Stellen		.	V
123	Kassiere der Reichsb.-Hauptstellen u. Reichsb.-Stellen		.	V
335	Bankbuchhalter, Bankkalkulatoren, Bankregistratoren, Buchhalterei-, Kalkulatur- u. Registratur-Assistenten		.	V
10	Kanzleibeamte I. Klasse		.	V
70	„ II. Klasse		.	V
188	Geldzähler		.	V
1	Hausinspektor		.	VI
975	Unterbeamte (Kassen-, Bureau- und Hausdiener, Pförtner) (Eine größere Anzahl Beamte hat Dienstwohn.)		.	VI

B. Preußische Staatsbehörden.

I. Geheimes Zivil-Kabinett.

(Berlin W. 8, Wilhelmstr. 64.)

		Gehalt†) M	BK†)	WG†)
1	Geheimer Kabinettsrat (außerdem freie Dienstwohnung).	20 000	47*)	I
2	vortragende Räte	7000—11 500	52	II
1	Bureauvorsteher (Dienstwohnung)	7800	31*)	III
1	erster Kabinettssekretär			
1	zweiter Kabinettssekretär	7200	29*)	III
1	expedierender Sekretär	3000—6600	34	III
10	Registratoren			
2	Kanzleisekretäre	1800—4000	17	IV
4	Kanzleidiener	1400—2000	7	V
2	Pförtner			
2	Hausdiener (1 Kanzleidiener, die beiden Pförtner und die beiden Hausdiener haben Dienstwohnung.)			

II. Das Herrenhaus.

(Berlin W. 66, Leipzigerstr. 3.)

1	Direktor	7800	31*)	III
3	Kalkulatoren und Registratoren, von welchen einer die Bureaukasse unentgeltlich zu verwalten hat	3000—6600	34	III
2	Beamte des stenographischen Bureaus			
1	Bibliothekdirektor (außerdem 600 M pensionsfähige Zulage).	5400—7200	45	III
1	Kanzleiinspektor	1800—4000	17	VI
1	Kanzleisekretär und Botenmeister. Der Kanzleiinspektor bezieht außerdem 500 M nichtpensionsfähige Zulage.			
1	Hausinspektor	1650—2700	11c	.
1	Portier	1400—2000	7a	V

†) Spalte 1 bedeutet Gehalt, Spalte 2 (BK) Besoldungsklasse, Spalte 3 (WG) Wohnungsgeldzuschuß-Tarifklasse.

*) Einzelgehälter.

		Gehalt *M*	BK	WG
1	Maschinenmeister .... (außerdem 385 M pensionsfähige künftig wegfallende Zulage).	1400—2000	7d	V
1	Hauswart und Kanzleidiener	1400—2000	7a	V
	Ferner anteiliger Beitrag zu dem Gehalte (3000 bis 6600 M) für den von dem Hause der Abgeordneten besoldeten Ingenieur, dessen dienstliche Tätigkeit auf die technischen Anlagen des Herrenhauses mit erstreckt, mit 1/4 des Gehalts.			
	Der Direktor, der Kanzleisekretär und Botenmeister, der Hausinspektor, der Portier, der Maschinenmeister und der Hauswart haben Dienstwohnung.			
	Die Anstellung aller Beamten und Diätarien des Herrenhauses steht dem Präsidenten zu; in der Zeit zwischen 2 Sessionen übt dieses Recht der Präsident der vorigen Session aus.			

III. Das Haus der Abgeordneten.

(Berlin SW. 11, Prinz Albrechtstr. 5 und W. 66, Leipzigerstr. 4.)

1	Direktor .... (außerdem künftig wegfallend 1200 M pensionsfähige Zulage).	7800	31*)	III
6	Kalkulatoren und Registratoren, von denen einer die Bureaukasse verwaltet	3000—6600	34	III
1	Ingenieur..			
1	Vorsteher			
10	Beamte des stenographischen Bureaus			
	Der Vorsteher bezieht außerdem 600 M pensionsfähige Zulage.			
1	Kanzleiinspektor	1800—4000	17	IV
1	Kanzleisekretär und Botenmeister			
	Der Kanzleiinspektor bezieht außerdem 500 M nichtpensionsfähige Zulage.			
1	Hausinspektor..	1650—2700	11c	
2	Pförtner	1400—2000	7a	V
2	Maschinenmeister	1400—2000	7d	V
2	Kanzleidiener	1400—2000	7a	V
1	Nachtpförtner..			
	Der Direktor, der Kanzleisekretär und Botenmeister, der Hausinspektor, 1 Pförtner, 1 Maschinenmeister und 1 Kanzleidiener haben Dienstwohnung.			

		Gehalt ℳ	BK	WG
	Bibliothek.			
1	Direktor (außerdem 600 M pensionsfähige Zulage).	5400—7200	45	III
1	Bibliothekar	2700—7200	40	III

IV. Bureau des Staatsministeriums.

(Berlin W. 8, Wilhelmstr. 63.)

1	Präsident oder Vizepräsident (Außerdem 18000 M Repräsentationskosten. Diese können, wenn das Amt des Präsidenten oder Vizepräsidenten im Nebenamte wahrgenommen wird, soweit als nichtpensionsfähige Stellenzulage zur Ausgabe gelangen, daß die Diensteinkünfte in ihrer Gesamtheit 64 000 M nicht übersteigen.)	36 000	49*)	.
1	Unterstaatssekretär (außerdem Dienstwohnung).	20 000	47*)	I
3	vortragende Räte	7000—11 500	52	II
1	Bureauvorsteher (Dienstwohnung)	7800	31*)	III
7	Expedienten und Registratoren	3000—6600	34	III
1	Kanzleidirektor	3000—6600	34	III
5	Kanzleisekretäre	1800—4000	17	IV
1	Botenmeister (dieser außerdem 150 M nichtpensionsfähige Stellenzulage).	1400—2000	7a	V
6	Kanzleidiener	1400—2000	7a	V
2	Pförtner	1400—2000	7a	V
1	Hausdiener und Heizer (Der Botenmeister und 4 Unterbeamte haben Dienstwohnung.)	1400—2000	7a	V

V. Staatsarchive.

a) Archivverwaltung.

1	Generaldirektor der Staatsarchive (Ist der Generaldirektor nicht zugleich Direktor des Geheimen Staatsarchivs, so kann ihm eine Besoldung von 12 000 M gewährt werden.)	9000	36*)	II
2	Expedienten und Kalkulatoren, von welchen 1 zugleich als Bureauvorsteher fungiert und	3000—6600	34	III
1	Registrator beim Direktorium	3000—6600	34	III
1	Direktor des Geheimen Staatsarchivs (im Nebenamt)	3000		
1	zweiter Direktor der Staatsarchive	8500	35*)	II
13	Archivdirektoren in den Provinzen (außerdem je 600 M pensionsfähige Zulage).	5400—7200	45	III

		Gehalt M	BK	WG
2	Geheime Staatsarchivare beim Geheimen Staatsarchiv in Berlin	3600—7200	42	III
	(außerdem je 600 M pensionsfähige Zulage).			
3	Staatsarchivare	2700—7200	40	III
37	Archivare			
1	Regierungshauptkassenkassierer als Verwalter des Staatsarchivs in Sigmaringen	360	.	.
	Letzterer Betrag ist auf das Gehalt der Stelle dieses Beamten anzurechnen.			
	(1 Geheimer Staatsarchivar beim Geheimen Staatsarchiv in Berlin, sowie 3 Archivdirektoren und 2 Archivare in den Provinzen haben Dienstwohnung.)			
1	Registrator beim Geh. Staatsarchiv in Berlin	2100—4500	22b	IV
1	Kanzleisekretär beim Geh. Staatsarchiv in Berlin	1800—4000	17	IV
13	Bureauassistenten (1 Bureauassistent hat Dienstwohnung)	1650—3300	13a	IV
3	Archivdiener beim Geh. Staatsarchiv in Berlin	1400—2000	7a	V
12	" bei den Staatsarchiven in den Provinzen	1200—1700	4a	V
	(2 Archivdiener beim Geheimen Staatsarchiv in Berlin, sowie 11 Archivdiener in den Provinzen haben Dienstwohnung.)			
	b) Historisches Institut in Rom.			
1	erster Sekretär (freie Dienstwohnung)	7500	30*)	.
	(außerdem 1250 M nichtpensionsfähige Stellenzulage).			
1	zweiter Sekretär	2700—7200	40	.
1	dritter "			
	(außerdem je 1000 M nichtpensionsfähige Stellenzulage und je 660 M Mietentschädigung).			
1	Bureaubeamter	2100—4500	22b	.
	(außerdem 800 M nichtpensionsfähige Stellenzulage und 540 M Mietentschädigung).			

VI. General-Ordens-Kommission.

(Berlin W. 8, Wilhelmstr. 63.)

1	Bureauvorsteher	6600	28*)	III
7	Expedienten und Registratoren, von welchen einer zugleich als Kassenkontrolleur fungiert	3000—6600	34	III
1	Kanzleivorsteher			
7	Kanzleisekretäre	1800—4000	17	IV
2	Kanzleidiener	1400—2000	7a	V
	(1 Kanzleidiener hat Dienstwohnung.)			

VII. Oberrechnungskammer.

(In Potsdam.)

		Gehalt M	BK	WG
1	Chef-Präsident (außerdem freie Dienstwohnung).	21 000	48*)	I
3	Direktoren	14 000	44*)	II
16	vortragende Räte	7000—11 500	52	II
1	Vorsteher des Präsidialbureaus	7800	31*)	III
144	Revisoren und Registratoren	3000—6600	34	III
1	Kanzleidirektor			
9	Kanzleisekretäre	1800—4000	17	VI
1	Kastellan	1400—2000	7a	V
12	Kanzleidiener und andere Unterbeamte (4 Unterbeamte haben Dienstwohnung.)			

VIIa. Disziplinarhof.

(Berlin SW. 68, Charlottenstr. 77.)

11	Mitglieder im Nebenamte, Renumeration je	600	.	.
1	ständiger Hilfsarbeiter mit Richterqualität, Renumer.	3000	.	.
1	zweiter Hilfsarbeiter, Renumeration	1500	.	.
	Für das zeitweise heranzuziehende mittlere und Unterbeamten-Personal zus.	900	.	.

VIII. Deutscher Reichs- und Preußischer Staats-Anzeiger.

(Berlin W. 8, Wilhelmstr. 32.)

1	Kurator im Nebenamte	1200	.	.
1	Redakteur	6600	28*)	III
1	Vorsteher der Expedition	6000	25*)	IV
1	Rendant	5400	24*)	IV
17	expedierende Sekretäre und Kalkulatoren (Die vor dem 1. 4. 97 angestellten Beamten beziehen ein Gehalt von 1800—4800 M)	2100—4500	22b	IV
1	Botenmeister	1400—1800	6	V
6	Kanzleidiener (Der Botenmeister bezieht außerdem 150 M nichtpensionsfähige Stellenzulage.)			

IX. Ansiedelungskommission für Westpreußen und Posen.

(In Posen.)

1	Präsident (freie Dienstwohnung)	13 000	43*)	II
4	Oberregierungsräte (davon 1 künftig wegfallend)	4200—7200	43	III
12	Regierungsräte, darunter 2 Regierungs- und Bauräte			

		Gehalt ℳ	BK	WG
	(außerdem für 1 Oberregierungsrat, der zugleich ständiger Vertreter des Präsidenten ist, 2100 M, für die übrigen Oberregierungsräte je 1200 M und für die sonstigen etatsmäßigen Mitglieder bis zu einem Drittel der Zahl der etatsmäßigen Stellen je 600 M pensionsfähige Zulage).			
2	Vermessungsinspektoren	4000—6900	39b	III
1	Rechnungsdirektor	4200—6600	37	III
2	Bauinspektoren	3000—7200	41	III
31	Vermessungsbeamte	2700—4800	25	IV
48	Zeichner	1650—3300	13a	IV
1	Hauptkassenrendant	4200—6000	31b	IV
1	Kassierer	3000—4500	23	IV
1	Ober-Buchhalter			
14	Rechnungsrevisoren	2100—4500	22b	IV
3	Buchhalter			
78	Sekretäre			
1	Regierungsbausekretär	2100—4500	22c	IV
3	Bausekretäre	1800—3600	16b	IV
13	Kanzlisten	1650—3000	12	IV
	(1 Kanzlist erhält außerdem für Wahrnehmung der Kanzleiinspektorgeschäfte 300 M nichtpensionsfähige Zulage.)			
1	Kastellan (Dienstwohnung)	1200—1700	4a	V
11	Boten			
	(1 Bote erhält außerdem für Wahrnehmung der Botenmeistergeschäfte 150 M nichtpensionsfähige Stellenzulage.)			

X. Ministerium der Auswärtigen Angelegenheiten.

(Siehe Auswärtiges Amt des Deutschen Reiches.)

	Der Minister ohne Gehalt. Für die Besorgung besonderer Angelegenheiten wird an das Deutsche Reich eine Pauschvergütung von 90 000 M gezahlt.			
7	Gesandten (pensionsberechtigendes Gehalt)	18 000	46*)	.
	(Die Besoldungen betragen in Rom beim päpstlichen Stuhle 60 000 M [außerdem 15 000 M Mietentschädigung], in München 45 000 M [außerdem 1200 M zur Gewährung einer Mietentschädigung an den Legationssekretär], in Dresden, Hamburg, Karlsruhe und Stuttgart je 30 000 M und in Oldenburg 24 000 M)			

		Gehalt ℳ	BK	WG
2	Ministerresidenten (pensionsberechtigendes Gehalt) (Die Besoldungen betragen in Darmstadt 24 000 M und in Weimar 18 000 M.)	8000—12 000	54/24	I I
1	Militärbevollmächtigter in München mit 6000 M Zulage.			
5	Legationssekretäre (pensionsberechtigendes Gehalt) (Die Besoldungen betragen in Rom 9000 M, in Hamburg 6000 M, in Dresden und München je 5100 M und in Stuttgart 4800 M.)	3000—6000	54/15	III
2	Kanzleivorstände in Hamburg und München (pensionsberechtigendes Gehalt) .... (Die Besoldung beträgt je 5700 M.)	2500—5500	54/11	IV
9	Legationskanzlisten (pensionsberechtigendes Gehalt) (Die Besoldungen betragen in Rom 6900 M, in Stuttgart 4800 M, in Dresden, Hamburg und Karlsruhe je 4500 M, in Darmstadt, Oldenburg und München je 4200 M, in Weimar 3900 M.)	2400—4400	54/6	IV

XI. Finanzministerium.

a) Ministerium.

(Berlin C. 2, Am Festungsgraben 1 und Hinter dem Gießhause 1/2.)

1	Minister .... (außerdem 14 000 M nichtpensionsfähige Stellenzulage und freie Dienstwohnung).	36 000	49*)	.
1	Unterstaatssekretär..........................	20 000	47*)	I
3	Direktoren	14 000—17 000	53	I
31	vortragende Räte .... (2 mit der Wahrnehmung von Dirigentengeschäften beauftragte vortragende Räte erhalten je 1000 M pensionsfähige Zulage.) Der Unterstaatssekretär und 1 Direktor haben Dienstwohnung.	7000—11 500	52	II
1	ständiger bautechnischer Hilfsarbeiter	7200	29*)	III
1	Vorsteher des Zentralbureaus (Dienstwohnung)...	7800	31*)	III
1	Vorsteher der Hauptbuchhalterei	7800	31*)	III
1	Vorsteher des Abrechnungsbureaus für die Reichssteuern	7200	29*)	III
1	Bureauvorsteher bei der Etats- und Kassenabteilung	7200	29*)	III
1	Rendant der Generalstaatskasse	7800	31*)	III
1	Oberbuchhalter bei der Generalstaatskasse	7200	29*)	III
1	Kassierer " " "	7200	29*)	III
91	Expedienten, Kalkulatoren, Registratoren und Buchhalter	3000—6600	34	III
1	Kanzleidirektor	3000—6600	34	III

		Gehalt ℳ	BK	WG
23	Kassensekretäre	2100—4500	22b	IV
	Kanzleisekretäre	1800—4000	17	IV
	(außerdem 300 M nichtpensionsfähige Stellenzulage für einen mit der Wahrnehmung der Kanzleiinspektorgeschäfte beauftragten Kanzleisekretär).			
1	Botenmeister	1400—2000	7a	V
27	Kanzleidiener und andere Unterbeamte			
	(Der Botenmeister und 6 Kanzleidiener haben Dienstwohnungen; der Botenmeister hat außerdem noch 150 M nichtpensionsfähige Zulage.)			
	b) Hauptverwaltung der Staatsschulden.			
	(Berlin SW. 68, Oranienstr. 92/94.)			
1	Präsident	14000—17 000	53	I
	(außerdem Dienstwohnung).			
4	Mitglieder	7000—11 500	52	II
1	Mitglied im Nebenamt	1500	.	.
1	Mitglied ohne Gehalt	—	—	—
1	Rendant der Staatsschuldentilgungskasse	7500	30*)	III
1	Dirigent der Kontrolle der Staatspapiere			
1	Rendant des Staatsschuldbuchbureaus			
1	Vorsteher der Geheimen Kalkulatur	7200	29*)	III
3	Oberbuchhalter	6600	28*)	III
10	expedierende Sekretäre, Kalkulatoren und Registratoren	3000—6600	34	III
61	Buchhalter			
1	Hauptkassierer bei der Staatsschuldentilgungskasse			
5	Kassierer			
1	Kanzleivorsteher			
1	Kanzleisekretär	1800—4000	17	IV
98	Kassensekretäre	2100—4500	22b	IV
	(Ein Teil dieser Stellen ist demnächst in Stellen von Zählern mit 1650—2700 M umzuwandeln.)			
15	Zähler	1650—2700	11b	V
1	Kastellan	1400—2000	7a	V
27	Kanzlei- und Kassendiener			
1	Drucker			
3	Portiers			
10	Hausdiener			
	Der Kastellan hat außerdem 150 M nichtpensionsfähige Stellenzulage.			
	3 Beamte erhalten Dienstwohnung.			

		Gehalt ℳ	BK	WG
	c) Königliche Seehandlung.			
	(Preußische Staatsbank.)			
	(Berlin W. 56, Markgrafenstr. 46a.)			
1	Präsident (Dienstwohnung) (außerdem 4000 M nichtpensionsfähige Stellenzulage).	14000—17000	53	I
2	Direktionsmitglieder	7000—11 500	52	II
1	Seehandlungsrat und ständiger Hilfsarbeiter bei der Generaldirektion	6600—8700	49	III
3	Seehandlungsassessoren als ständige Hilfsarbeiter der Generaldirektion			
1	Rendant (Dienstwohnung)	7500	30*)	III
4	Tresorverwalter	6600	28*)	III
5	Oberbuchhalter, davon 1 als Vorsteher des Revisionsbureaus			
1	Vorsteher des Präsidialbureaus			
1	Kassierer	3000—6600	34	III
32	Buchhalter, expedierende Sekretäre, Kalkulatoren und Registratoren			
1	Kanzleivorsteher			
68	Kassensekretäre	2100—4500	22b	IV
7	Kanzleisekretäre	1800—4000	17	IV
5	Zähler	1650—2700	11b	V
1	Botenmeister	1400—2000	7a	V
1	Kastellan			
27	Kassen- und Kanzleidiener und andere Unterbeamte			
	Der Botenmeister bezieht außerdem eine nichtpensionsfähige Stellenzulage von 150 M.			
	1 Kanzleidiener, der Kastellan und der Portier haben Dienstwohnung.			
	Der königlichen Seehandlung unterstellt:			
	Königliches Leihamt für Berlin.			
	(Berlin W. 8, Jägerstr. 64.)			
1	Direktor (Dienstwohnung)	7200		III
1	Rechnungsrevisor und Auktionator	5400		IV
3	Rendanten	5400		IV
1	Revisor	1800—4500		IV
3	Kontrolleure			
3	Kassierer			
1	Tresorverwalter			
3	Magazin-Inspektoren			
1	Registrator und Kalkulator (500 M Zulage).	4500		IV

		Gehalt M	BK	WG
7	Buchhalter	1800—4500	.	IV
6	Sekretäre			
18	Unterbeamte	1300—1700	.	V

d) Generallotteriedirektion.

(Berlin W. 56, Markgrafenstr. 47.)

		Gehalt M	BK	WG
1	Präsident der Generallotteriedirektion (im Nebenamte)	.	.	.
1	Justitiar, zugleich Vertreter des Präsidenten (im Nebenamte)	.	.	.
3	Direktoren	4200—7200	43	III
1	Rendant	4800—6000	32	III
1	Buchhalterei-Vorsteher	4200—6000	31b	III
1	Kontrolleur	3000—5400	28b	IV
21	Sekretäre	2100—4500	22b	IV
	(Außerdem erhält der mit der Vertretung des Lotteriedirektors in Darmstadt beauftragte Sekretär 600 M pensionsfähige Zulage.)			
3	Kanzlisten	1650—3000	12	IV
1	Botenmeister	1400—1800	6a	V
9	Kanzlei- und Kassendiener und andere Unterbeamte			
	Der Botenmeister erhält 150 M nichtpensionsfähige Zulage. Der Kassendiener hat Dienstwohnung.			

e) Münzverwaltung.

Münze in Berlin.

(C. 19, Unterwasserstr. 2/4.)

		Gehalt M	BK	WG
1	Direktor	7000—10 000	51	II
1	Münzmeister	6000—7200	46	III
1	Münzwardein			
1	Rendant	4800—6000	32	III
1	Münzwardein	4200—6000	31b	III
1	Betriebsinspektor			
1	Buchhalter und Kontrolleur			
1	Münzingenieur			
1	Kassierer und Materialienverwalter	3000—5400	28b	IV
2	Medailleure	2700—4800	25	IV
1	Betriebsassistent			
1	Münzwardeinassistent			
3	Münzsekretäre	2100—4500	22b	IV
3	Kassendiener	1400—1800	6a	V
6	Pförtner			
	Der Direktor, der Münzmeister, 1 Münzwardein, der Betriebsinspektor, der Rendant, der Buchhalter und Kontrolleur, sowie der Kassierer und Materialienverwalter haben Dienstwohnungen.			

		Gehalt ℳ	BK	WG
	Probieranstalt in Frankfurt a. M.			
1	Vorsteher	2700—4800	25	IV
	f) Preußische Zentral-Genossenschaftskasse. (Berlin C. 2, Am Zeughause 2.)			
1	Präsident (Dienstwohnung) (außerdem 2000 M nichtpensionsfähige Stellenzulage).	14 000—17 000	.	I
1	Direktionsmitglied als Vertreter des Präsidenten	7000—11 500	.	II
2	Direktionsmitglieder	7000—10 000	.	II
1	Vorsteher der Kassenabteilung	5400—7200	.	III
2	Bankinspektoren als technische Hilfsarbeiter			
3	Abteilungsvorsteher	4800—6600	.	III
1	Vorsteher des Revisionsbureaus			
3	erste Kassierer	4200—6600	.	III
1	Assistent des genossenschaftstechnischen Bankinspektors			
17	Sekretäre, Kassierer und Buchhalter als Bureauvorsteher und in sonstigen Aufsichtsstellen	3000—6600	.	III
11	Sekretäre	2100—4500	.	IV
52	Buchhalter und Sekretäre mit technischer Vorbildung			
5	Kassenassistenten	1800—3300	.	IV
15	Kassenboten	1400—2000	.	V
	g) Oberpräsidenten, Regierungspräsidenten und Regierungen, einschl. der Ministerial-, Militär- und Baukommission in Berlin, sowie Bezirksausschüsse.			
12	Oberpräsidenten (außerdem je 5000 M nichtpensionsfähige Stellenzulage).	21 000	48*)	I
36	Regierungspräsidenten (außerdem nichtpensionsfähige Stellenzulagen von durchschnittlich 2000 M in Abstufungen von 1000, 2000, 3000 M).	13 000	43*)	II
1	Präsident der Ministerial-Militär- und Baukommission in Berlin	11 500	41*)	II
12	Oberpräsidialräte	7000—11 500	52	II
678	Oberregierungsräte, Verwaltungsgerichtsdirektoren und Regierungrsäte	4200—7200	43	III
1	Regierungs- und Baurat als Wohnungsinspektor . (außerdem erhalten die Oberregierungsräte, die ständige Vertreter der Regierungspräsidenten sind, je 2100 M pensionsfähige Zulage, die übrigen Oberregierungsräte als Abteilungs-			

		Gehalt ℳ	BK	WG
	dirigenten und die Verwaltungsgerichtsdirektoren je 1200 ℳ pensionsfähige Zulage, die übrigen etatsmäßigen Mitglieder der Regierungen usw. in gehobenen Stellungen bis zu einem Drittel der Gesamtzahl der etatsmäßigen Stellen je 600 ℳ pensionsfähige Zulage).			
13	Regierungs-Kasseninspektoren	4200—6600	37	III
37	Hauptkassen-Rendanten	4800—6000	32	IV
34	Oberbuchhalter	3000—4500	23	IV
37	Kassierer			
1	Plankammervorsteher in Berlin	4500	20*)	IV
1681	Sekretäre	2100—4500	22b	IV
258	Buchhalter			
7	Kassiererassistenten			
	(außerdem 500 ℳ nichtpensionsfähige Zulage für je 1 Bureaubeamten bei den Oberpräsidien und für je 1 Sekretär in den Präsidialbureaus der Regierungen sowie für 1 Bureaubeamten bei der Ministerial-Militär- und Baukommission).			
426	Kanzlisten	1650—3000	12	IV
	(36 Kanzlisten bei den Oberpräsidien und Regierungen usw. erhalten je 300 ℳ nichtpensionsfähige Zulage für Wahrnehmung der Kanzleivorsteher- bzw. Inspektorgeschäfte.)			
1	Zeichner	1650—3300	13a	IV
400	Kassendiener und Boten	1200—1700	4a	V
1	Hauswächter			
	(112 Beamte haben Dienstwohnung.)			
	h) Rentenbanken.			
7	Provinzialrentmeister	4200—6000	31b	IV
7	Rendanten	4500	20*)	IV
71	Buchhalter, Kontrolleure und Sekretäre	2100—4500	22b	IV
12	Kanzlisten	1650—3000	12	IV
9	Kassendiener und Boten	1200—1700	4	V
	(6 Beamte haben Dienstwohnungen.)			
	i) Verwaltung des Tiergartens in Berlin.			
1	Direktor	5100	23*)	III
2	Obergärtner	2100—4500	22b	IV
1	Maschinenmeister	1650—2300	9	IV
	(außerdem 200 ℳ nichtpensionsfähige Zulage).			
5	Gärtner	1400—1800	6a	V
1	Maschinenheizer			
1	Zimmermann			
	(Sämtliche Beamten haben Dienstwohnungen.)			

		Gehalt ℳ	BK	WG
	k) Verwaltung der direkten Steuern.			
	1. Direktion für die Verwaltung der direkten Steuern in Berlin.			
1	Präsident (Dienstwohnung) .... (außerdem als Vorsitzender der Einkommensteuer-Berufungskommission für Berlin 1000 M Remuneration, die beim Freiwerden der Stelle in Abgang zu bringen ist).	11 500	41*)	II
26	Oberregierungsräte und Regierungsräte .... (außerdem für 1 Oberregierungsrat, der zugleich Vertreter des Präsidenten ist, 2100 M pensionsfähige Zulage, für den anderen Oberregierungsrat 1200 M pensionsfähige Zulage, für Regierungsräte in gehobenen Stellen bis zu einem Drittel der Zahl der etatsmäßigen Stellen je 600 M pensionsfähige Zulage).	4200—7200	43	III
1	Rendant und Kassierer	3000—5400	28b	IV
153	Regierungssekretäre .... (1 Bureaubeamter des Zentralbureaus bezieht 500 M nichtpensionsfähige Stellenzulage.)	2100—4500	22b	IV
88	Regierungssekretäre	1800—4800	22b	IV
1	" .... Nach dem Ausscheiden der gegenwärtigen Inhaber der Stellen mit 1800—4800 M oder 2400 bis 4800 M werden diese Stellen in solche mit 2100—4500 M umgewandelt.	2400—4800	22b	IV
41	Kanzlisten	1650—3000	12	IV
36	Kanzleidiener .... (1 mit der Wahrnehmung der Botenmeistergeschäfte beauftragte Kanzleidiener erhält 150 M nichtpensionsfähige Zulage.) (5 Beamte haben Dienstwohnung.)	1200—1700	4a	V
	2. Verwaltung des Grund- und Gebäudesteuer-Katasters.			
56	Katasterinspektoren	4000—6900	39b	III
811	Katasterkontrolleure und Sekretäre .... (1 Katasterkontrolleur bezieht 600 M pensionsfähige Zulage für die Wahrnehmung der Katasterinspektionsgeschäfte in den Hohenzollernschen Landen, außerdem die Katasterkontrolleure in Berlin und Breslau bis zu 500 M, in anderen Orten bis zu 400 M nichtpensionsfähige Zulage.)	2700—4800	25	IV

		Gehalt ℳ	BK	WG
379	Katasterzeichner	1650—3300	13	IV
3	Bezirksgeometer in den Hohenzollernschen Landen (34 Beamte haben Dienstwohnung.)	2100—4500	22b	IV
	3. Kassenverwaltung.			
	I. Bei der Kreiskasse in Frankfurt a. M.			
1	Rendant	4800—6000	32	IV
1	Kassierer	3000—4500	23	IV
4	Buchhalter	2100—4500	22b	IV
1	Kanzlist	1650—3000	12	IV
1	Vollziehungsbeamter [1])	1200—1700	4a	V
1	Kassendiener			
	II. Bei den übrigen Kreiskassen.			
422	Rentmeister .... (außerdem nichtpensionsfähige Zulage von je 300 M für ein Drittel der Stellen).	3000—4800	26	IV
37	Vollziehungsbeamte [1]) .... (30 Beamte haben Dienstwohnung.)	1200—1700	4a	V
	4. Einkommensteuer-Veranlagungs-Kommission und Gewerbesteuer-ausschüsse.			
38	Vorsitzende und stellvertretende Vorsitzende ...... (Regierungsräte in gehobenen Stellen erhalten bis zu einem Drittel der Zahl der etatsmäßigen Stellen je 600 M pensionsfähige Zulage.)	4200—7200	43	III
839	Steuersekretäre	2100—4500	22b	IV
87	Kanzlisten	1650—3000	12	IV
33	Boten .... (3 Boten haben Dienstwohnung.)	1200—1700	4a	V
	l) Verwaltung der Zölle und indirekten Steuern.			
12	Präsidenten der Oberzolldirektionen	12 000	42*)	II
121	Mitglieder der Oberzolldirektionen, einschl. der Vorsteher der Stempel- und Erbschaftssteuerämter. (außerdem für 24 Oberregierungsräte für die Vertretung der Präsidenten der Oberzolldirektionen je 1200 M pensionsfähige Zulage, für die übrigen etatsmäßigen Mitglieder bis zu einem Drittel der Zahl der etatsmäßigen Stellen je 600 M pensionsfähige Zulage).	4200—7200	43	III
1	leitender Chemiker bei der Hauptlehranstalt für Zollbeamte in Berlin	4000—6900	39a	III

[1]) (Je 1 Beamter bezieht noch ein Gehalt von 1500—2400 M. Diese Stellen werden beim Freiwerden in solche mit 1200—1700 M umgewandelt.)

		Gehalt M	BK	WG
138	Oberzollinspektoren, einschl. des Oberzollinspektors bei der Hauptlehranstalt für Zollbeamte in Berlin und des Leiters des Hauptstempelmagazins in Berlin	4000—6900	39b	III
12	Rechnungsdirektoren	4200—6600	37	III
12	Oberzollkassenrendanten	4200—6000	31b	IV
303	Oberzollrevisoren, einschl. des Oberzollrevisors bei der Lehranstalt für Zollbeamte des Thüringischen Zoll- und Steuervereins in Erfurt			
1	Rendant des Hauptstempelmagazins in Berlin....	3000—5400	28b	IV
2	Lehrer und Chemiker bei der Hauptlehranstalt für Zollbeamte in Berlin			
	(17 Oberrevisoren erhalten je 600 M nichtpensionsfähige Zulage.)			
1155	Oberzollkontrolleure und	2700—4800	25	IV
1	Kontrolleur des Hauptstempelmagazins in Berlin.			
	(22 Stellen sind beim Freiwerden in Stellen von Oberbuchhaltern und Kassierern mit 3000—4500 M umzuwandeln. Außerdem nichtpensionsfähige Zulagen bis zu 400 M.)			
1	Oberbuchhalter und	3000—4500	23	IV
1	Kassierer bei der Oberzollkasse in Berlin			
771	Bureauvorsteher für das Expeditions- und Kanzleiwesen und Oberzollsekretäre bei der Verwaltung der Zölle und indirekten Steuern	2100—4500	22b	IV
	(außerdem nichtpensionsfähige Stellenzulagen von je 500 M für 12 Bureauvorsteher für das Expeditions- und Kanzleiwesen sowie für 24 Vorsteher der Revisionsbureaus und von je 300 M für die Hälfte der in den Rechnungsstellen beschäftigten Oberzollsekretäre).			
	(Die vor dem 1. 4. 97 in Berlin angestellten Beamten beziehen ein Gehalt von 1800—4800 M.)			
1819	Zollsekretäre und Oberzolleinnehmer	2000—4200	20	IV
34	Hauptzollamtsassistenten und Zolleinnehmer I. Klasse bei Ämtern von geringerer Bedeutung........	1800—3600	16b	IV
	(Die Stellen dieser Klasse sind in der Weise in Wegfall zu bringen, daß sie beim Freiwerden in Stellen von Zollassistenten oder von Zolleinnehmern von 1650—3300 M umgewandelt werden).			
65	Kanzlisten	1650—3000	12a	IV
	(12 Kanzlisten bei den Oberzolldirektionen erhalten für Wahrnehmung der Kanzleivorstehergeschäfte je 300 M nichtpensionsfähige Zulage.)			
1982	Zollassistenten, Zolleinnehmer und Zollmaschinisten	1650—3300	13a	IV

		Gehalt ℳ	BK	WG
	(Von den 17 Zollmaschinistenstellen werden 9 beim Freiwerden in Stellen mit 1650—2300 M umgewandelt.)			
1	Maschinenmeister für die Wasserkraftanlagen auf dem Packhof in Berlin	2700	11*)	IV
7204	Zollaufseher	1400—2100	8a	V
99	Magazin-, Kanzlei- und Kassendiener	1200—1700	4a	V
	(Außerdem nichtpensionsfähige Zulage von je 150 M für die mit der Wahrnehmung der Botenmeistergeschäfte beauftragten Diener bei den Oberzolldirektionen und dem Hauptstempelmagazin.)			
22	Schiffer	1400—2000	7a	V
634	Amtsdiener, Bootführer usw., Matrosen und Heizer	1100—1600	3a	V
	(3164 Beamte haben Dienstwohnung.)			

XII. Ministerium der öffentlichen Arbeiten.

a) Ministerium.

(Berlin W. 66, Wilhelmstr. 79.)

1	Minister	36 000	49*)	.
	(außerdem 14000 M nichtpensionsfähige Stellenzulage und freie Dienstwohnung).			
1	Unterstaatssekretär	20 000	47*)	I
3	Direktoren	14 000—17000	53	I
29	vortragende Räte, davon 1 als Leiter der Landesanstalt für Gewässerkunde	7000—11 500	52	II
1	Vorsteher des Bureaus für die Hauptnivellements	4200—7200	43	III
6	Regierungs- und Bauräte, davon 2 als Abteilungsvorsteher bei der Landesanstalt für Gewässerkunde			
	(Diese 2 Beamten erhalten je 1200 M nichtpensionsfähige Zulage.)			
4	Bauinspektoren	3000—7200	41	III
2	ständige wissenschaftliche Hilfsarbeiter als Mitarbeiter bei der Landesanstalt für Gewässerkunde			
	(Diese 6 Beamten erhalten außerdem je 1000 M nichtpensionsfähige Zulage.)			
1	Vorsteher des Zentralbureaus	7800	31*)	III
1	Bureauvorsteher	7200	29*)	III
47	expedierende Sekretäre, Kalkulatoren und Registratoren	3000—6600	34	III
18	Revisoren			
1	Kanzleidirektor			
2	ständige Hilfsarbeiter (Assistenten) im Bureau für die Hauptnivellements	2700—4800	25	IV

		Gehalt ℳ	BK	WG
	(Der Vorsteher des Zentralbureaus hat Dienstwohnung.)			
9	Regierungsbausekretäre	2100—4500	22c	IV
	(außerdem je 600 M nichtpensionsfähige Zulage).			
5	Zeichner (technische Bureauassistenten)	1800—4000	17	IV
1	Werkmeister beim technischen Ausschusse für das Seezeichenwesen	1650—3300	13a	IV
47	Kanzleisekretäre	1800—4000	17	IV
1	Kastellan	1400—2000	7a	V
1	Botenmeister			
69	Kanzleidiener, Pförtner, Hausdiener, Heizer......			
	(Der Kastellan und der Botenmeister beziehen eine nichtpensionsfähige Zulage von 150 M 12 Beamte haben Dienstwohnung.)			
	b) Bauverwaltung.			
177	Oberbauräte und Regierungs- und Bauräte, davon 1 bei dem Kölner Dombau und 47 bei Bauausführungen usw. beschäftigt	4200—7200	43	III
	(Die Oberbauräte erhalten je 1200 M, die Regierungs- und Bauräte bis zu einem Drittel der etatsmäßigen Stellen je 600 M pensionsfähige Zulage.)			
649	Bauinspektoren und			
11	Maschinenbauinspektoren oder Maschineninspektoren	3000—7200	41	III
	(Diese 660 Beamten erhalten je 1000 M nichtpensionsfähige Stellenzulage.)			
40	Landmesser....................................	2700—4800	25	IV
183	Regierungsbausekretäre	2100—4500	22c	IV
	(außerdem je 600 M nichtpensionsfähige Zulage. 2 Sekretäre in Berlin, die vor dem 1. 4. 97 angestellt sind, beziehen ein Gehalt von 2100—4800 M).			
245	Bausekretäre	1800—3600	16b	IV
81	Bauassistenten	1650—3300	13a	IV
1	Düneninspektor	2100—4500	22c	IV
1	ständiger Hilfsarbeiter (Assistent)	2700—4800	25	IV
6	Bauhofsvorsteher..............................	2100—4500	22c	IV
6	Oberbauwarte			
1	Brückenmeister	1650—3300	13a	IV
1	Schiffskapitän			
29	Maschinen- und Baggermeister, Maschinenmeister..	1800—3300	14	IV
1	Hafenaufseher und Schleusenmeister			
3	Dünenmeister.................................			
5	Leuchtfeuerschiffsführer			
5	Bauhofsvorsteher..............................	1650—3300	13a	IV
143	Wasserbauwarte................................			
30	Schiffsführer			

		Gehalt ℳ	BK	WG
2	Brückenmeister			
4	Werkmeister	1650—3300	13	IV
3	Abgabenrevisoren			
26	Schleusenmeister			
2	Fährmeister			
1	Kanalaufseher			
105	Schiffsführer, Maschinenmeister und Baggermeister	1650—2300	9	V
1	Kanaloberaufseher und Flößereikontrolleur			
1	Flößerei-Kontrolleur			
1	Dünenmeister			
1	Steuermann (künftig wegfallend)	1400—2100	8a	V
5	Magazinverwalter	1400—2100	8b	V
2	Materialienschreiber			
	(163 Beamte haben Dienstwohnung.)			
1	Schleusenmeister			
215	Strommeister			
11	Hafenbauaufseher	1400—2000	7a	V
1	Fährmeister			
1	Polizeisergeant			
	(Der jetzige Schleusenmeister bezieht noch ein Gehalt von 1500—2100 M)			
16	Leuchtfeueroberwärter			
5	Bauaufseher, Lagerhofverwalter			
1	Brückenmeister	1400—2000	7a	V
1	Fährmeister			
76	Wehr- und Schleusenmeister, Schleusenmeister			
196	Schiffsführer, Maschinisten, Baggermeister			
2	Heizer (künftig wegfallend)			
2	Materialienaufseher	1200—1700	4a	V
1	Ballastmeister			
5	Maschinenmeister			
146	Schleusenmeister, Wehrmeister	1100—1600	3b	V
5	Maschinenmeistergehilfen			
44	Schiffbrückenaufseher und -Wärter	1200—1700	4a	V
2	Schloßaufseher usw.			
1	Brückenaufseher	1100—1600	3b	V
1	Fähraufseher			
1	Hafenpflanzungsaufseher	1100—1500	2b	V
20	Dünenaufseher	1200—1700	4a	V
78	Leuchtfeuerwärter usw.			
24	Steuermänner			
1	Feuerwärter			
2	Kranmeister	1100—1500	2b	V
2	Brückenaufseher (darunter 1 künftig wegfallend)			
1	Maschinenwärter			

		Gehalt M	BK	WG
1	Matrose (künftig wegfallend)	1100—1500	2a	V
3	Signalwärter	1100—1500	2b	V
1	Brunnenwärter	1100—1300	1	V
1	Brückenaufseher	1100—1300	1	V
3	Schleusenmeistergehilfen	1100—1300	1	V
17	Buschwärter und Pflanzungsaufseher	1100—1300	1	V
10	Stackmeister (darunter 2 künftig wegfallend)	1100—1300	1	V
2	Brückenaufzieher, die feste Gehälter und Brückenaufzugsgelder oder nur letztere beziehen (mit einem pensionsberechtigten Gehalte)	1100—1500	2b	V
	(562 Beamte haben Dienstwohnung.)			
	c) Ruhrschiffahrtverwaltung und Verwaltung der Duisburg-Ruhrorter Häfen.			
1	Regierungs- und Baurat (außerdem 1200 M nichtpensionsfähige Zulage).	4200—7200	43	III
1	Wasserbauinspektor (außerdem 1000 M nichtpensionsfähige Zulage).	3000—7200	41	III
1	Hafenrentmeister	3000—4800	26	IV
1	Hafeninspektor	3000—4500	23	IV
1	Landmesser	2700—4800	25	IV
1	Regierungsbausekretär (außerdem 600 M nichtpensionsfähige Zulage).	2100—4500	22c	IV
1	Oberkippmeister	2000—4000	18	IV
3	Bausekretäre	1800—3600	16b	IV
6	Bauassistenten	1650—3300	13a	IV
2	Hafenkassenassistenten	1650—3300	13a	IV
2	Wasserbauwarte	1650—3300	13a	IV
2	Werkmeister	1650—3300	13a	IV
2	Strommeister	1400—2000	7	V
19	Hafenpolizeisergeanten	1400—2000	7	V
2	Hafenaufseher	1400—2000	7	V
1	Baggermeister	1400—2000	7	V
6	Brückenaufseher	1100—1500	2b	V
	(25 Beamte haben Dienstwohnung.)			
	d) Eisenbahnverwaltung.			
	Vom Staate verwaltete Eisenbahnen.			
22	Präsidenten des Zentralamts und der Direktionen	12 000	42*)	II
436	Mitglieder des Zentralamts und der Direktionen (außerdem für 33 Oberregierungsräte und 39 Oberbauräte 1200 M, soweit sie zugleich als erste Vertreter des Präsidenten bestellt sind, je 1800 M pensionsfähige Zulage; für die übrigen etatsmäßigen Mitglieder bis zu einem Drittel der	4200—7200	43	III

		Gehalt ℳ	BK	WG
	Zahl der etatsmäßigen Stellen je 600 M pensionsfähige Zulage). Außerdem 1 badisches Mitglied.			
580	Vorstände der Betriebs-, Maschinen- und Werkstätteninspektionen (20 Stellen können bei ihrem Freiwerden in Stellen mit 3600—6600 M umgewandelt werden).	3600—7200	42	III
	Vorstände der Verkehrsinspektionen, Vorstand des Wagenamts in Essen (Ruhr) und Telegrapheninspektoren sowie aus mittleren Beamten hervorgehende Vorstände von Betriebs-, Maschinen- und Werkstätteninspektionen (außerdem je 600 M nichtpensionsfähige Zulage für 10 Vorstände von Verkehrsinspektionen in besonders wichtigen Stellen).	3600—6600	35	III
22	Rechnungsdirektoren (außerdem für 1 Beamten in Berlin eine nichtpensionsfähige Zulage bis zu 600 M).	4200—6600	37	III
229	Eisenbahn-Bau- und Betriebs- oder Maschineninspektoren einschl. des Direktors der Eisenbahnversuchsanstalt in Berlin	3000—7200	41	III
21	Hauptkassenrendanten	4800—6000	32	IV
163	Landmesser in Stellen technischer Eisenbahnsekretäre	2700—4800	25	IV
1578	Hauptkassenkassierer	3000—4500	23	IV
	Oberbahnhofsvorsteher, Obergütervorsteher, Oberkassenvorsteher (150 Oberbahnhofs- und Obergütervorsteher erhalten je bis 600 M nichtpensionsfähige Zulage.)	2100—4500	22b	IV
	Betriebskontrolleure			
	Oberbahnmeister			
1468	technische Eisenbahnsekretäre, einschl. Rechnungsrevisoren und ausschl. Landmesser, bau- und maschinentechnische Eisenbahnbetriebsingenieure, technische Betriebskontrolleure und Oberbaukontrolleure, Werkstättenvorsteher (22 technische Eisenbahnsekretäre, 468 Eisenbahnbetriebsingenieure und 22 Rechnungsrevisoren erhalten je bis 600 M oder je 300 M nichtpensionsfähige Zulage.)	2100—4500	22c	IV
4383	nichttechnische Eisenbahnsekretäre, einschl. Verkehrskontrolleure, Rechnungsrevisoren und Materialienverwalter 1. Klasse (Eine bestimmte Anzahl dieser Beamten erhält 300—600 M nichtpensionsfähige Zulage.)	2100—4500	22b	IV

		Gehalt M	BK	WG
6188	Bahnhofsvorsteher, Gütervorsteher, Kassenvorsteher, Bahnmeister 1. Klasse, Werkmeister	1000—4000	18	IV
	Schiffskapitäne I. Klasse	2800—3600	16b	IV
17483	Betriebssekretäre (technische und nichttechnische), technische Bureauassistenten und Bahnmeister, Eisenbahnassistenten einschl. Bahnhofsverwalter und Materialienverwalter, ferner Schiffskapitäne (außerdem haben die Betriebssekretäre je 300 M pensionsfähige und die Bahnhofsverwalter je 200 M nichtpensionsfähige Zulage. Die Stellen der Betriebssekretäre werden beim Freiwerden in Assistentenstellen umgewandelt).	1650—3300	13a	IV
528	Kanzlisten .... (22 Kanzlisten erhalten als Vorsteher der Direktionskanzleien bis zu 300 M nichtpensionsfähige Zulage.)	1650—3000	12	IV
4	Zeichner (künftig wegfallend)	1650—2700	11	IV
16213	Lokomotivführer, Schiffsmaschinisten und Maschinisten bei elektrischen Anlagen .... Außerdem 21 badische.	1400—2500	10b	IV
7240	Zugführer und Steuermänner .... Außerdem 11 badische.			
18197	Werkführer, Wagenmeister, Schirrmeister, Telegraphisten, Lademeister, Unterassistenten (Weichensteller I. Klasse) und Bahnhofsaufseher, Fahrkartenausgeber	1400—2100	8a	Zugführer IV übrigen V
	Maschinenwärter bei elektrischen Anlagen .... Außerdem 13 badische.	1400—2000	7a	V
4806	Packmeister, Stellwerksweichensteller, Maschinenwärter .... Außerdem 25 badische.	1400—1800	6b	V
16941	Lokomotivheizer, Schiffsheizer	1200—1800	5	V
	Magazinaufseher, Fahrkartendrucker, Bureaudiener und Brückengeldeinnehmer .... Außerdem 22 badische.	1200—1700	4a	V
34088	Eisenbahngehilfinnen .... Weichensteller einschl. Eisenbahngehilfen, Rottenführer, Wagenwärter .... Außerdem 33 badische.	1100—1600	3b	V
28974	Brückenwärter, Kranmeister, Stationsdiener (Pförtner und Bahnsteigschaffner), Schirrmänner	1100—1500	2b	V
	Schaffner, Bremser, Matrosen .... Außerdem 39 badische.	1100—1500	2a	V
16987	Bahnwärter, Nachtwächter, Kranwärter.......... Außerdem 36 badische.	1100—1300	1	V
	30916 Beamte, außerdem 62 badische, erhalten Dienstwohnung.			

		Gehalt M	BK	WG
	e) Ministerialabteilungen für das Eisenbahnwesen.			
1	Unterstaatssekretär	20 000	47*)	I
5	Direktoren	14000—17000	53	I
34	vortragende Räte	7000—11 500	52	II
1	Eisenbahndirektor	7200	29*)	III
10	Eisenbahn-Bau- oder Maschinenbeamte	3000—7200	41	III
1	Bureauvorsteher	7200	29*)	III
87	Expedienten, Kalkulatoren, Revisoren, Registratoren	3000—6600	34	III
3	Zeichner (technische Bureauassistenten)	1800—4000	17	IV

XIII. Ministerium der geistlichen, Unterrichts- und Medizinal-Angelegenheiten.

a) Ministerium.

(Berlin W. 64, Unter den Linden 4, Behrenstr. 71/72 und Wilhelmstr. 68.)

1	Minister (außerdem freie Dienstwohnung und 14 000 M nichtpensionsfähige Stellenzulage).	36 000	49*)	.
1	Unterstaatssekretär	20 000	47*)	I
4	Direktoren	14000—17 000	53	I
33	vortragende Räte (außerdem 1000 M pensionsfähige Zulage für 1 mit der Wahrnehmung von Dirigentengeschäften beauftragten vortragenden Rat).	7000—11 500	52	II
1	vortragender Rat im Nebenamt mit	900	.	.
1	geistlicher Rat mit	2400	.	.
1	Direktor der wissenschaftlichen Deputation für das Medizinalwesen	1500	.	.
17	Mitglieder derselben mit je	1200	.	.
1	Vorsteher der Meßbildanstalt für Denkmalaufnahmen	7200	29*)	III
1	Regierungsrat	4200—7200	43	III
2	Bauinspektoren (außerdem je 1000 M nichtpensionsfähige Zulage).	3000—7200	41	III
1	Vorsteher des Zentralbureaus	7800	31*)	III
1	Bureauvorsteher	7200	29*)	III
78	Expedienten, Kalkulatoren, Registratoren	3000—6600	34	III
1	Kassenbeamter			
1	Kanzleidirektor			
34	Kanzleisekretäre (1 Kanzleisekretär erhält für Wahrnehmung der Kanzleiinspektorgeschäfte 300 M nichtpensionsfähige Zulage).	1800—4000	17	IV

		Gehalt M	BK	WG
1	Botenmeister			
43	Kanzleidiener und andere Unterbeamte	1400—2000	7a	V
	(Der Botenmeister bezieht außerdem 150 M nichtpensionsfähige Stellenzulage.)			
	b) Evangelischer Oberkirchenrat.			
	(Berlin W. 9, Köthenerstr. 38.)			
1	Präsident	21 000	48*)	I
	(außerdem 4000 M nichtpensionsfähige Stellenzulage und Dienstwohnung).			
1	geistlicher Vizepräsident im Nebenamte	1500	.	.
6	Räte	7000—11 500	52	II
	(außerdem für 1 Rat als weltlicher Vertreter des Präsidenten eine pensionsfähige Zulage von 1500 M)			
3	geistliche Mitglieder im Nebenamte je	1800	.	.
1	Bureauvorsteher	7200	29*)	III
9	Expedienten, Kalkulatoren und Registratoren....	3000—6600	34	III
4	Kanzleisekretäre	1800—4000	17	IV
1	Botenmeister	1400—2000	7a	V
5	Kanzleidiener und andere Unterbeamte........			
	(Der Botenmeister bezieht außerdem 150 M nichtpensionsfähige Stellenzulage.)			
	c) Evangelische Konsistorien.			
1	Präsident in Berlin	13 000	43*)	II
1	Präsident des Landeskonsistoriums in Hannover	12 000	42*)	II
13	Direktoren	11 500	41*)	II
17	Generalsuperintendenten	10 000	38*)	II
6	"	8000	32*)	II
1	Generalsuperintendent in Berlin im Nebenamte	2400	.	.
51	Räte bei dem Bundeskonsistorium in Hannover und bei den übrigen Konsistorien	4200—7200	43	III
	(außerdem für die mit der Unterstützung des Präsidenten in den Präsidialgeschäften beauftragten Konsistorialräte je 1200 M pensionsfähige Zulage, für die übrigen Räte bis zu einem Drittel der Zahl der etatsmäßigen Stellen je 600 M pensionsfähige Zulage).			
2	Räte beim Landeskonsistorium in Hannover im Nebenamte mit 1200 und 925 M		.	.
2	Räte in Kiel im Nebenamte je	1500	.	.
36	Räte oder Justitiarien im Nebenamte	600—1500	.	.
1	Architekt in Hannover	900	.	.
9	Sekretäre	1800—4800	.	IV
	(Nach dem Ausscheiden der gegenwärtigen Inhaber der Stellen werden letztere in solche mit 2100—4500 M umgewandelt.)			

		Gehalt ℳ	BK	WG
89	Sekretäre	2100—4500	22b	IV
30	Kanzlisten	1650—3000	12a	IV
29	Kanzleidiener	1200—1700	4a	V
	d) Provinzialschulkollegien.			
1	Vizepräsident des Provinzialschulkollegiums in Berlin	7000—11 500	52	II
6	Direktoren je	900	.	.
58	Provinzialschulräte (außerdem je 600 ℳ pensionsfähige Zulage).	5700—7500	47	III
11	Verwaltungsräte und Justitiarien (außerdem bis zu einem Drittel der Zahl der etatsmäßigen Stellen je 600 ℳ pensionsfähige Zulage).	4200—7200	43	III
6	schultechnische Mitarbeiter	2700—7200	40	III
6	Sekretäre (Nach dem Ausscheiden der gegenwärtigen Inhaber der Stellen werden letztere in solche mit 2100—4500 ℳ umgewandelt.)	1800—4800	.	IV
57	Sekretäre	2100—4500	22b	IV
16	Kanzlisten	1650—3000	12a	IV
15	Kanzleidiener	1200—1700	4a	V
	e) Universitäten.			
	1. Königsberg i. Pr.			
1	Kurator im Nebenamte	2400	.	.
1	Universitätsrichter im Nebenamte	1500	.	.
70	ordentliche Professoren, im Durchschnitt	5500	17*)	III
40	außerordentliche Professoren, im Durchschnitt	3500	7*)	III
1	Rendant und Quästor (außerdem Gebühren).	2250	10*)	IV
1	Sekretär			
1	Kassenkontrolleur	2100—4500	22b	IV
1	Kanzlist	1650—3000	12a	IV
1	Bureauhilfsarbeiter	1650	.	.
1	Bausekretär	1800—3600	16b	IV
4	Unterbeamte	1200—1700	4a	V
1	Nachtwächter	1100—1300	1	V
1	Bibliotheksdirektor (außerdem 600 ℳ pensionsfähige Zulage).	5400—7200	45	III
6	Bibliothekare			
1	Observator	2700—7200	40	III
2	Expedienten	2100—4500	22b	IV
	Außerdem noch 2 Lehrer, 2 Dirigenten, 2 Direktoren, 1 Prosektor, 43 Assistenten, 4 Oberärzte,			

		Gehalt ℳ	BK	WG
	1 Konservator, 1 Kustos, 1 Observator, 1 Gehilfe, 1 Gartenmeister, 1 Rechner, 1 Chemiker, 1 Rechnungsführer, 1 Kupferstecher, 22 Unterbeamte.			
	2. Berlin.			
110	ordentliche Professoren, im Durchschnitt	6500	19*)	III
87	außerordentliche Professoren, im Durchschnitt	3500	7*)	III
1	Universitätsrichter	4200—7200	43	III
Der	Rektor — Gebühren	37 106	.	.
4	Dekane — Gebühren	1120—2069	.	.
1	Kassenrendant und Quästor (außerdem Gebühren).	4800—6000	32	III
1	Quästorkontrolleur (außerdem Gebühren).	3000—4500	23	IV
11	Sekretäre	2100—4500	22b	IV
1	Buchhalter	1650—3300	13a	IV
2	Bureauassistenten			
1	Bausekretär	2100—4500	22c	IV
2	Hilfsarbeiter	1650	.	.
1	Maschinist	1400—2000	7a	V
17	Unterbeamte	1200—1700	4a	V
1	Bibliotheksdirektor (außerdem 600 M pensionsfähige Zulage).	5400—7200	45	III
10	Bibliothekare	2700—7200	40	III
2	Hilfsbibliothekare	2100—3000	.	.
2	Expedienten	2100—4500	22b	IV
1	Leiter	3000	.	.
1	wissenschaftlicher Hilfsarbeiter	1800	.	.
1	Dirigent	300	.	.
3	Prosektoren	3300	15*)	III
101	Assistenten, im Durchschnitt	1200	.	.
2	Hilfsassistenten	1500—1800	.	.
2	Oberpräparatoren			
17	Präparatoren			
9	Abteilungsvorsteher	im Durchschnitt 1350	.	.
2	Mechaniker			
9	Direktoren			
5	Inspektionsbeamte			
3	Oberärzte			
27	Assistenzärzte			
1	Prediger	1500	.	.
29	Kustoden	2700—7200	41	III
1	Kartenzeichner	3600	.	.
10	Lehrer, im Durchschnitt	4800	.	.
9	Observatoren, im Durchschnitt	2700—7200	40	III

		Gehalt ℳ	BK	WG
1	Bureaubeamter	2100—4500	22b	IV
5	Inspektoren	1650—3300	13a	IV
2	Hausinspektoren			
1	Hausverwalter	1400—2000	7d	V
4	Bureauhilfsarbeiter	1650	.	.
3	Sekretäre	2100—4500	22b	IV
3	Bureauassistenten	1650—3300	13a	IV
4	ständige Mitarbeiter	2100—4500	22b	IV
1	Garteninspektor			
2	Obergärtner	1650—3300	13a	IV
1	Gärtner	1400—2000	7a	V
3	Gehilfen	1650	.	.
5	Maschinisten	1400—2000	7a	V
82	Diener, Pförtner, Heizer usw.	1200—1700	4a	V
	3. Greifswald.			
57	ordentliche Professoren, im Durchschnitt	5500	17*)	III
29	außerordentliche Professoren, im Durchschnitt	3500	7*)	III
1	Kurator	10 000	38*)	III
1	Universitätsrichter	1200	.	.
1	Rendant (außerdem Gebühren).	4200	.	IV
4	Sekretäre usw.	2100—4500	22b	IV
2	Kuratoriensekretäre	1650—3000	12	V
1	Kanzlist			
1	Bureauhilfsarbeiter	1650	.	.
1	Baumeister	3000—7200	41	III
1	Bausekretär	1800—3600	16b	IV
4	Pedelle usw.	1200—1700	4a	V
1	Bibliothekdirektor (außerdem 600 M pensionsfähige Zulage).	5400—7200	45	III
4	Bibliothekare	2700—7200	40	III
1	Hilfsbibliothekar	2100—3000	.	.
2	Expedienten	1500	.	.
23	Assistenten			
1	Direktor, 4 Oberärzte, 11 Assistenzärzte, 1 Prediger, 2 Inspektionsbeamte, 1 Dirigent, 1 Gesanglehrer, 1 Inspektor, 1 Hausverwalter, 1 Präparator, 1 Garteninspektor, 16 Diener, Wärter usw.			
	4. Breslau.			
1	Kurator im Nebenamt	2400	.	.
1	Kuratorialrat im Nebenamt	1500	.	.
1	Universitätsrichter im Nebenamt	1500	.	.

		Gehalt M	BK	WG
1	Rektor	1112	.	.
	(außerdem Gebühren).			
5	Dekane	455—5736	.	.
	(außerdem Gebühren).			
80	ordentliche Professoren, im Durchschnitt	5500	17*)	III
36	außerordentliche Professoren, im Durchschnitt	3500	7*)	III
1	Rendant und Quästor	2850	12*)	IV
	(außerdem Gebühren).			
1	Kassenkontrolleur			
1	Sekretär	2100—4500	22b	IV
1	Hausinspektor	2100—4500	22b	IV
1	Bausekretär	1800—3600	16b	IV
1	Kassensekretär			
	(der gegenwärtige Inhaber bezieht 2000 bis 4500 M).	1650—3300	13a	IV
2	Bureauassistenten			
6	Unterbeamte	1200—1700	4a	V
1	Pförtner	1000	.	V
1	Bibliotheksdirektor	5400—7200	45	III
	(außerdem 600 M pensionsfähige Zulage).			
	Außerdem: 7 Bibliothekare, 1 Hilfsbibliothekar, 2 Direktoren, 5 Oberärzte, 25 Assistenzärzte, 3 Apotheker, 2 Sekretäre, 1 Expedient, 3 Lehrer, 1 Prosektor, 36 Assistenten, 1 Administrator, 1 Garteninspektor, 1 Gärtner, 2 Präparatoren, 1 Kustos, 1 Rechnungsführer, 1 Administrator, 4 Inspektionsbeamte, 2 Bureauassistenten, 5 Hausmeister, 2 Maschinisten, 32 Diener usw.			
	5. Halle.			
1	Kurator	10 000	38*)	III
63	ordentliche Professoren, im Durchschnitt	5500	17*)	III
41	außerordentliche Professoren, im Durchschnitt	3500	7*)	III
1	Universitätsrichter im Nebenamte	1500	.	.
1	Rendant	2700	11*)	IV
	(außerdem Emolumente).			
3	Sekretäre			
1	Registrator	2100—4500	22b	IV
1	Kassenkontrolleur	1800—3600	16b	IV
1	Bausekretär	1800—3600	16b	IV
1	Bureauhilfsarbeiter	1650	.	.
5	Pedelle, Diener usw.	1200—1700	4a	V
1	Hilfsdiener	1000	.	.
1	Bibliothekdirektor	5400—7200	45	III
	(außerdem 600 M pensionsfähige Zulage).			

		Gehalt ℳ	BK	WG
	Außerdem noch: 6 Bibliothekare, 2 Expedienten, 10 Direktoren, 3 Oberärzte, 22 Assistenzärzte, 2 Rendanten, 1 Prosektor, 2 Präparatoren, 1 Administrator, 1 Rechnungsführer, 36 Assistenten, 1 Chemiker, 4 Bureauhilfsarbeiter, 1 Dirigent, 1 Lehrer, 1 Organist, 3 Inspektionsbeamte, 1 Inspektor, 2 Gärtner, 1 Oberwärter, 1 Oberwärterin, 2 Maschinisten, 29 Diener, Pförtner.			
	6. Kiel.			
1	Kurator im Nebenamte	2400 u. 3150	.	.
1	Rektor	1500	.	.
62	ordentliche Professoren, im Durchschnitt	5500	17*)	III
28	außerordentliche Professoren, im Durchschnitt	3500	7*)	III
1	Syndikus	1200	.	.
1	Kassenrendant	1800—3600	16b	IV
1	Sekretär	2100—4500	22b	IV
1	Kassenkontrolleur	2100—4500	22b	IV
1	Bausekretär	1800—3600	16b	IV
1	Assistent und Kanzlist	1650—3300	13a	IV
4	Pedelle	1200—1700	4a	V
	Außerdem noch: 4 Direktoren, 4 Bibliothekare, 1 Hilfsarbeiter, 2 Expedienten, 1 Prosektor, 1 Präparator, 25 Assistenten, 2 Inspektionsbeamte, 2 Verwaltungsbeamte, 4 Oberärzte, 23 Assistenzärzte, 1 Observator, 2 Kustoden, 3 Bureauhilfsarbeiter, 1 Rechner, 1 Maschinenmeister, 1 Oberwärter, 1 Oberwärterin, 1 Gärtner, 19 Diener, Wärter, Heizer usw.			
	7. Göttingen.			
1	Kurator	10 000	38*)	III
1	Universitätsrichter im Nebenamt	1500	.	.
76	ordentliche Professoren, im Durchschnitt	5500	17*)	III
32	außerordentliche Professoren, im Durchschnitt	3500	7*)	III
1	Prorektor	5938	.	.
4	Dekane	72—3460	.	.
1	Quästor (Gebühren in unbestimmter Höhe)	.	1*)	IV
2	Sekretäre	2100—4500	22b	IV
1	Bausekretär	2100—4500	22c	IV
2	Assistenten	1650—3300	13a	IV
1	Kassenrendant	1500 + 1290	.	IV
1	Bureauhilfsarbeiter	1650	.	.
5	Pedelle usw.	1200—1700	4a	V

		Gehalt *M*	BK	WG
	Außerdem noch: 2 Direktoren, 10 Bibliothekare, 1 Hilfsbibliothekar, 1 Redakteur, 1 Archivar, 7 Sekretäre, 4 Expedienten, 1 Prosektor, 2 Präparatoren, 1 Observator, 39 Assistenten, 1 Obergehilfe, 1 Oberarzt, 14 Assistenzärzte, 2 Chemiker, 1 Lehrer, 1 Verwaltungsinspektor, 1 Verwaltungssekretär, 1 Gartenmeister, 1 Gärtner, 1 Bademeister, 1 Maschinenmeister, 24 Diener, Pförtner usw., 1 Maschinist.			
	8. Marburg.			
1	Kurator	10 000	38*)	III
1	Rektor	116 + 5041	.	.
4	Dekane	170—829	.	.
55	ordentliche Professoren, im Durchschnitt	5500	17*)	III
31	außerordentliche Professoren	3500	7*)	III
1	Kassenrendant	1800—3600	16b	IV
2	Sekretäre }	2100—4500	22b	IV
1	Kontrolleur }			
1	Bausekretär	1800—3600	16b	IV
2	Kanzlisten	1650—3000	12a	IV
4	Pedelle usw.	1200—1700	4a	V
	Außerdem noch: 1 Bibliotheksdirektor, 4 Bibliothekare, 2 Hilfsbibliothekare, 1 Direktor, 1 Prosektor, 2 Inspektoren, 1 Konservator, 31 Assistenten, 2 Oberärzte, 8 Assistenzärzte, 1 Hebammenlehrer, 2 Sekretäre, 1 Expedient, 2 Hausverwalter, 1 Mechaniker, 1 Gärtner, 1 Gärtnergehilfe, 2 Diener, Wärter.			
	9. Bonn.			
1	Kurator	6000	.	.
1	Universitätsrichter im Nebenamte	1800	.	.
1	Rektor (außerdem Emolumente).	13434	.	.
5	Dekane	454—6074	.	.
86	ordentliche Professoren, im Durchschnitt	5500	17*)	III
327	außerordentliche Professoren, im Durchschnitt	3500	7*)	III
1	Kassenrendant	1800—3600	16b	IV
3	Sekretäre }	2100—4500	22b	IV
1	Kassenkontrolleur }			
1	Bausekretär	1800—3600	16b	IV
3	Bureauassistenten	1650—3300	13a	IV
2	Bureauhilfsarbeiter	1650	.	.
1	Hauswart	1400—2000	7a	V
7	Pedelle, Diener }	1200—1700	4a	V
1	Kastellan und Konservator }			

		Gehalt M	BK	WG
	Außerdem noch: 1 Bibliothekdirektor, 5 Bibliothekare, 1 Hilfsbibliothekar, 2 Expedienten, 1 Prosektor, 1 Präparator, 1 Garteninspektor, 1 Kustos, 1 Konservator, 1 Observator, 2 Direktoren, 1 Dirigent, 3 Oberärzte, 17 Assistenzärzte, 1 Inspektor, 2 Inspektionsbeamte, 1 Bureauhilfsarbeiter, 24 Assistenten, 1 Hausverwalter, 1 Hauswart, 1 Mechaniker, 1 Hausmeister, 28 Diener, Pförtner, Nachtwächter, Handlanger usw., 1 Maschinist, 1 katholischer Prediger, 1 evangelischer Prediger, 1 Organist, 5 Schreibhilfen.			
	10. Münster.			
1	Kuratorialrat im Nebenamte	1500	.	.
43	ordentliche Presessoren, im Durchschnitt	5500	17*)	III
18	außerordentliche Professoren, im Durchschnitt	3500	7*)	III
1	Sekretär	2100—4500	22b	IV
1	Quästor	2100—4500	22b	IV
2	Pedelle	1200—1700	4a	V
1	Pförtner	1200—1700	4a	V
2	Bureauhilfsarbeiter	1650	.	.
	Außerdem noch: 1 Bibliotheksdirektor, 4 Bibliothekare, 2 Hilfsbibliothekare, 1 Expedient, 11 Assistenten, 1 Präparator, 1 Gärtner, 7 Diener usw.			
	11. Lyzeum zu Braunsberg.			
9	ordentliche Professoren, im Durchschnitt	5500	17*)	III
1	außerordentlicher Professor, im Durchschnitt	3500	7*)	III
1	Pedell	1200—1700	4a	V
1	Bibliothekar	2700—7200	40	III
	f) Höhere Lehranstalten, Gymnasien.			
5	Leiter der Vollanstalten in Berlin (außerdem je 600 M pensionsfähige Zulage).	6000—7200	46	III
43	Leiter der Vollanstalten ausschl. Berlin (außerdem je 600 M pensionsfähige Zulage).	5400—7200	45	III
141	Leiter der höheren Unterrichtsanstalten von geringerer als neunjähriger Kursusdauer (außerdem je 400 M pensionsfähige Zulage).	4800—7200	44	III
2270	etatsmäßig angestellte wissenschaftliche Lehrer	2700—7200	40	III
72	etatsmäßig angestellte geprüfte Zeichenlehrer	2100—4500	22a	IV
345	etatsmäßig angestellte technische und Elementarlehrer sowie Vorschullehrer	1800—4200	19	IV
	Wissenschaftliche Hilfslehrer	2100—3000	.	.
210	Schuldiener	1100—1600	3a	V

		Gehalt M	BK	WG
	g) Elementar-Unterrichtswesen.			
	1. Lehrer- und Lehrerinnen.			
5	Direktoren	5400—7200	45	III
	(4 Direktoren beziehen außerdem je 600 M pensionsfähige Zulage.)			
177	Direktoren	4200—7200	43	III
9	Oberlehrer	2700—7200	40	III
181	Oberlehrer	3000—6600	30b	III
877	ordentliche Lehrer	2400—4800	24b	IV
25	Oberlehrerinnen	2000—4200	20	IV
83	Lehrerinnen	1650—3000	12b	IV
1	Rendant und Bureaubeamter in Dröyßig	1800—4000	17	IV
151	Schuldiener und Schuldienerinnen	1100—1600	3a	V
	2. Präparanden-Anstalten.			
82	Anstaltsvorsteher und Erste Lehrer	2400—4800	24b	IV
191	Präparandenlehrer	1800—4200	19a	IV
	h) Turnlehrer-Bildungswesen.			
	Landes-Turnanstalt in Berlin.			
1	Direktor	5400—7200	45	III
	(außerdem 600 M pensionsfähige Zulage).			
3	Oberlehrer	2700—7200	40	IV
	(Sofern die Oberlehrer die Anstellungsfähigkeit für höhere Unterrichtsanstalten nicht besitzen, erhalten sie ein Gehalt von 3000—6000 M)			
1	Kastellan	1100—1600	3a	V
	i) Schulaufsicht.			
89	Schulräte bei den Regierungen	4200—7200	43	III
	(außerdem je 600 M pensionsfähige Zulage für ein Drittel der Zahl der etatsmäßigen Stellen).			
2	Schulräte im Nebenamte: 1 mit	1800	.	.
	1 „	1500	.	.
365	Kreisschulinspektoren	3000—7200	41	III
	k) Kunst und Wissenschaft.			
	1. Kunstmuseen in Berlin.			
1	Generaldirektor	6000	25*)	II
	(Ist der Generaldirektor nicht zugleich Abteilungsdirektor, so kann ihm eine Besoldung von 12 000 M gewährt werden.)			
1	Verwaltungsdirektor	7000—11500	52	II

		Gehalt ℳ	BK	WG
1	Justitiar und Verwaltungsrat (außerdem evtl. 600 M pensionsfähige Zulage).	4200—7200	43	III
1	Bauinspektor	3000—7200	41	III
1	Bureaubeamter (ferner 1200 M nichtpensionsfähige Zulage).	4500	20*)	IV
6	Bureaubeamte (Diese Stellen werden nach dem Freiwerden in solche mit 2100—4500 M umgewandelt.)	1800—4800	.	IV
3	Bureaubeamte	2100—4500	22 b	IV
1	Bureauassistent	1650—3300	13a	IV
2	Kanzleisekretäre	1650—3000	12a	IV
12	Abteilungsdirektoren ... bis	9000	23*)	III
4	" im Nebenamt ... je	1800	.	.
1	Restaurator	2700—7200	40	III
27	Direktorialassistenten	2400—4800	8*)	III
1	Chemiker	2700—7200	40	III
1	Bibliothekar			
1	Restaurator im Kupferstichkabinett	1800—3300	14	IV
1	Konservator beim Museum für Völkerkunde			
1	zweiter Restaurator und Inspektor bei der Gemäldegalerie			
1	technischer Inspektor der Gipsformerei			
18	Oberaufseher	1400—2000	7d	V
3	Kastellane			
3	Röhrmeister und Oberheizer			
1	Hilfsrestaurator			
141	Sammlungsaufseher, Kassendiener, Pförtner, Bureaudiener, Hausdiener und Wächter	1200—1700	4a	V
	2. Kunstgewerbe-Museum in Berlin.			
1	Direktor der Sammlungen	9000	23*)	III
1	" " Unterrichtsanstalt ... bis			
1	" " Bibliothek (außerdem für 1 Direktor 1000 M Renumeration für Führung der allgemeinen Verwaltungsgeschäfte).			
8	Direktorialassistenten	2400—4800	8*)	III
18	Lehrer der Vorbereitungs- und der Fachklassen	3000—6000	16*)	III
4	Bureaubeamte	1800—4800	.	IV
2	Bibliothekverwalter (Nach dem Ausscheiden der gegenwärtigen Inhaber der Stellen werden letztere in solche mit 2100—4500 M umgewandelt.)			
3	Bureaubeamte	2100—4500	22b	IV

		Gehalt M	BK	WG
2	Bibliothekverwalter	2100—4500	22b	IV
1	Verwalter der Stoffsammlung			
1	technischer Inspektor der Sammlungen	1800—3300	14	IV
2	Restauratoren			
2	Kanzleisekretäre	1650—3000	12a	IV
1	Hausinspektor	1400—2000	7d	V
1	Hilfsrestaurator			
1	Maschinist			
1	Röhrmeister			
9	Oberaufseher			
63	Sammlungsdiener, Bibliothekdiener, Kassendiener, Schuldiener, Oberformer, Pförtner, Bureaudiener, Hausdiener, Wächter	1200—1700	4a	V
	3. National-Galerie in Berlin.			
1	Direktor bis	9000	23*)	III
1	Direktorialassistent	2400—4800	8*)	III
2	Bureaubeamte	1800—4800	.	IV
	(Nach dem Ausscheiden der gegenwärtigen Inhaber der Stellen werden letztere in solche mit 2100—4500 M umgewandelt.)			
1	Restaurator	1800—3300	14	IV
1	Kastellan	1400—2000	7d	V
1	Heizer und Röhrmeister			
2	Oberaufseher			
19	Sammlungsaufseher, Pförtner, Bureaudiener, Hausdiener und Wächter	1200—1700	4a	V
	4. Königliche Bibliothek in Berlin.			
1	Generaldirektor	6000	25*)	III
	(Der gegenwärtige Inhaber bekleidet außerdem die Stelle eines ordentlichen Professors in der Theologischen Fakultät der Universität Berlin.)			
1	erster Direktor	9000	36	III
4	Abteilungsdirektoren	6000—7200	46	III
	(außerdem je 600 M pensionsfähige Zulage).			
46	Bibliothekare	2700—7200	40	III
1	Obersekretär	4500	20*)	IV
	(Außerdem 500 M Zulage künftig wegfallend.)			
2	Sekretäre	2100—4500	22b	IV
6	Bibliotheksekretäre			
	(1 vor dem 1. 4. 97 angestellter Sekretär bezieht noch 1800—4800 M).			
1	Bureauassistent	1650—3300	13a	IV
8	Expedienten			

		Gehalt ℳ	BK	WG
1	Kanzlist	1650—3000	12a	IV
1	Kastellan	1200—1700	4a	V
45	Bibliothekdiener			
	5. Observatorien bei Potsdam.			
	I. Allgemeine Verwaltung.			
1	Maschinist	1400—2000	7d	V
1	Pförtner	1200—1700	4a	V
	II. Geodätisches Institut bei Potsdam.			
5	Abteilungsvorsteher (außerdem je 600 M pensionsfähige Zulage).	5400—7200	45	III
6	Observatoren	2700—7200	40	III
3	Bureaubeamte	2100—4500	22b	IV
1	Bureaudiener	1200—1700	4a	V
	III. Meteorologisches Institut in Berlin, nebst Observatorien bei Potsdam.			
5	Abteilungsvorsteher (außerdem je 600 M pensionsfähige Zulage).	5400—7200	45	III
9	Observatoren	2700—7200	40	III
11	Bureaubeamte (5 davon vor dem 1. 4. 97 angestellte Beamte beziehen noch ein Gehalt von 1800—4800 M).	2100—4500	22b	IV
2	Kanzlisten	1650—3000	12a	IV
1	Mechaniker und Kastellan	1400—2000	7d	V
4	Institutsdiener	1200—1700	4a	V
	IV. Astrophysikalisches Observatorium bei Potsdam.			
1	Direktor	11 500	41*)	II
5	Hauptobservatoren (3 vor dem 1. 4. 97 angestellte Hauptobservatoren beziehen noch 4800—7500 M. Gehalt sowie je 300 M pensionsfähige Zulage), (außerdem je 600 M pensionsfähige Zulage).	5400—7200	45	III
4	Observatoren	2700—7200	40	III
2	Mechaniker und Kastellane	1400—2000	7d	V
1	Maschinist			
1	Institutsdiener	1200—1700	4a	V

		Gehalt ℳ	BK	WG
	V. Aeronautisches Observatorium bei Lindenberg.			
1	Direktor ... (außerdem 1500 M pensionsfähige Zulage).	5400—7200	45	III
2	Observatoren ...	2700—7200	40	III
1	Bureaubeamter ...	2100—4500	22b	IV
1	Kanzlist ...	1650—3000	12a	IV
1	Mechaniker und Kastellan ...	1400—2000	7d	V
	VI. Biologische Anstalt auf Helgoland.			
1	Direktor ... (außerdem 600 M pensionsfähige Zulage).	5400—7200	45	III
3	Kustoden ...	2700—7200	40	III
1	Fischmeister ...	1650—2700	11b	IV
1	Präparator ...	1650—2300	9	V
	l) Akademie in Posen.			
6	Lehrer ... höchstens (im Durchschnitt 7200 M).	8000	22*)	III
1	Bureaubeamter ...	2100—4500	22b	IV
1	Diener ...	1200—1700	4a	V
	m) Sonstige Kunst- und wissenschaftliche Anstalten.			
1	Vorsitzender der Literarischen und der Musikalischen Sachverständigenkammer sowie des Künstlerischen, Photographischen und Gewerblichen Sachverständigenvereins ...	1500	.	.
2	Historiographen des Preußischen Staates und der Mark Brandenburg mit je ...	900	.	.
	1) Schloßverwaltung in Marienburg.			
1	Schloßkastellan ...	1400—2000	7d	V
1	Schloßdiener ...	1200—1700	4a	V
	2) Rauch-Museum in Berlin.			
1	Diener ...	1200—1700	4a	V
	3) Museum in Cassel.			
2	Direktoren ...	5400—7200	45	III
1	Kastellan ...	1400—2000	7d	V
1	Pförtner ... }	1200—1700	4a	V
8	Galeriediener ... }			

		Gehalt ℳ	BK	WG
	4) Saalburgmuseum.			
1	Direktor	5400—7200	45	III
1	Bureaubeamter	1650—3300	13a	IV
2	Präparatoren	1400—1800	6a	V
	5) Kaiserhaus in Goslar.			
1	Kastellan	1400—2000	7d	V
	n) Technisches Unterrichtswesen.			
	1) Technische Hochschule in Berlin.			
59	Professoren im Durchschnitt mit	6500	19*)	III
2	" " " "	4100	12*)	III
1	Bibliothekar	2700—7200	40	III
9	Kassen- und Bureaubeamte (2 vor dem 1. 4. 97 angestellte Beamte beziehen noch 1800—4800 M).	2100—4500	22b	IV
4	Bureauassistenten	1650—3300	13a	IV
1	Kanzlist	1650—3000	12a	IV
2	Mechaniker	1400—2000	7d	V
38	andere Unterbeamte	1200—1700	4a	V
	2) Materialprüfungsamt in Dahlem.			
1	Direktor	7000—10 000	51	III
5	Abteilungsvorsteher (außerdem für 1 Abteilungsvorsteher als stellvertretender Direktor 1200 M und für 4 Abteilungsvorsteher je 600 M pensionsfähige Zulage).	4200—7200	43	III
16	ständige Mitarbeiter	2700—7200	40	III
6	ständige Assistenten	2100—4500	22b	IV
7	ständige Techniker	1800—3600	16b	IV
3	Bureau- und Kassenbeamte	2100—4500	22b	IV
2	Bureauassistenten	1650—3300	13a	IV
1	Hausinspektor und Materialienverwalter			
3	Kanzlisten	1650—3000	12a	IV
7	Unterbeamte	1200—1700	4a	IV
	3) Technische Hochschule in Hannover.			
37	Professoren im Durchschnitt	5500	17*)	III
3	Professoren im Durchschnitt	3800	10*)	III
1	Professor (künftig wegfallend)	2400	.	.
1	Bibliothekar	2700—7200	40	III
1	Rendant	2100—4500	22b	IV
2	Sekretäre			

		Gehalt *M*	BK	WG
1	Bureauassistent	1650—3300	13a	IV
1	Kanzlist	1650—3000	12a	IV
24	Unterbeamte	1200—1700	4a	V
	4) Technische Hochschule in Aachen.			
39	Professoren im Durchschnitt	5500	17*)	III
2	" " "	3800	10*)	III
1	Rendant			
1	Sekretär	2100—4500	22b	IV
1	Bibliothekar			
2	Bureauassistenten	1650—3300	13a	IV
1	Hausinspektor und Bureauassistent			
1	Mechaniker			
1	Werkmeister sowie	1200—1700	4a	V
13	sonstige Unterbeamte			
	5) Technische Hochschule in Danzig.			
30	Professoren im Durchschnitt	5500	17*)	III
1	Professor " "	3800	10*)	III
1	Bibliothekar	2700—7200	40	III
1	Rendant und Sekretär	2100—4500	22b	IV
1	Sekretär			
1	Bureauassistent	1650—3300	13a	IV
1	Hausinspektor und Bureauassistent			
14	Unterbeamte	1200—1700	4a	V
	6) Technische Hochschule in Breslau.			
10	Professoren im Durchschnitt	5500	17*)	III
1	Rendant und Sekretär	2100—4500	22b	IV
6	Unterbeamte	1200—1700	4a	V
	o) Medizinalwesen.			
39	Mitglieder der Provinzial-Medizinalkollegien	600—1200	.	.
36	Assessoren " " "	600—1050	.	.
37	Regierungs- und Medizinalräte (außerdem für ein Drittel der Gesamtzahl der etatsmäßigen Stellen je 600 M pensionsfähige Zulage).	4200—7200	43	III
1	Regierungs- und Medizinalrat	1200	.	.
7	vollbesoldete Kreisärzte als ständige Hilfsarbeiter	3000—7200	41	III
48	vollbesoldete Kreisärzte	3000—7200	41	III
449	nicht vollbesoldete Kreisärzte und	2100—3900	5*)	III
16	" " Gerichtsärzte (im Durchschnitt 3000 M, außerdem Stellenzulagen von durchschnittlich 450 M).			

		Gehalt *M*	BK	WG
1	Dirigent und Lehrer	1200	.	.
2	Amtsphysiker	900	.	.
7	Ärzte der französischen Kolonie	75—1200	.	.
1	Physikus im Fürstlich Wiedschen Mediatgebiet	150	.	.
1	Physikus im Fürstlich Solms-Braunfelsschen Mediatgebiet	660	.	.
	1) Institut für Infektionskrankheiten in Berlin.			
1	Direktor	12 000	42*)	II
6	Abteilungsvorsteher (außerdem 600 M pensionsfähige Zulage).	6000—7200	46	III
2	Verwaltungssekretäre	2100—4500	22b	IV
1	Bureauassistent	1650—3300	13a	IV
1	Pförtner	1200—1700	4a	V
9	Institutsdiener			
	2) Sonstige Anstalten: Institut für experimentelle Therapie in Frankfurt a. M., Versuchs- und Prüfungsanstalt für die Zwecke der Wasserversorgung pp. in Berlin, hygienisches Institut Posen, Beuthen (Oberschl.) und Medizinal-Untersuchungsämter.			
2	Direktoren	7800	31*)	III
1	Direktor	4200—7200	43	III
1	Vorsteher	7800	31*)	III
2	Abteilungsvorsteher (außerdem je 600 M pensionsfähige Zulage).	4200—7200	43	III
9	wissenschaftliche Mitglieder	3000—7200	41	III
2	Bauinspektoren			
3	vollbesoldete Kreisärzte			
1	Chemiker			
1	pathologischer Anatom			
7	nicht vollbesoldete Kreisärzte (im Durchschnitt 3000 M).	2100—3900	5*)	III
1	Chemiker	3000	.	.
2	Assistenten	1800	.	.
5	Kreisassistenzärzte	900—1800	.	.
4	Sekretäre	2100—4500	22b	IV
6	wissenschaftliche Assistenten	1600—2400	.	.
1	tierärztlicher Assistent			
10	Diener und Hilfsdiener	1200—1700	4a	V

		Gehalt ℳ	BK	WG
	p) Akademie der Künste.			
1	Präsident, an Remuneration	4500	.	.
41	Senatoren, an „	900	.	.
1	erster ständiger Sekretär	6000—7200	46	III
1	zweiter ständiger Sekretär	5400—7200	45	III
1	Inspektor	2100—4500	22b	IV
1	Registrator und Kalkulator			
1	Kanzlist	1650—3000	12a	IV
1	Kastellan	1400—2000	7a	V
3	andere Unterbeamte	1200—1700	4a	V
	q) Meisterateliers für bildende Künste.			
8	Vorsteher, im Durchschnitt	6000	18*)	III
	Meisterschulen für musikalische Komposition.			
3	Vorsteher	4000	18*)	III
	r) Hochschule für die bildenden Künste.			
1	Direktor	5000	22*)	III
14	ordentliche Lehrer (im Durchschnitt 4500 M).	2400—6000	14*)	III
1	Direktorialassistent	2400—4800	24b	IV
1	Inspektor	2100—4500	22b	IV
1	Registrator und Kalkulator			
1	Bibliothekar	4200	19*)	III
1	Kastellan	1400—2000	7a	V
1	Maschinenmeister			
12	andere Unterbeamte	1200—1700	4a	V
	s) Hochschule für Musik.			
1	Vorsitzender des Direktoriums	1500	.	.
1	Dirigent der Aufführungen	3000	.	.
1	Vorsteher und 1. Lehrer der Abteilung für Orchesterinstrumente	2400—6000	14*)	III
1	Vorsteher und 1. Lehrer der Abteilung für Gesang (im Durchschnitt 4500 M, außerdem je 1000 M pensionsfähige Zulage).			
24	vollbeschäftigte Lehrer und Lehrerinnen (im Durchschnitt 4500 M, außerdem 2 Lehrer je 1000 M und 2 Lehrer als persönliche pensionsfähige Besoldungszulage — künftig wegfallend — je 2700 M).	2400—6000	14*)	III
1	nicht vollbeschäftigter ordentlicher Lehrer	1350	.	.
1	Inspektor	2100—4500	22b	IV
1	Kalkulator			
1	Bibliothekverwalter			

		Gehalt ℳ	BK	WG
1	Bureauassistent	1650—3300	13a	IV
1	Kastellan	1400—2000	7a	V
7	andere Unterbeamte	1200—1700	4a	V
	t) Institut für Kirchenmusik.			
1	Direktor und 1 Lehrer	4200	19*)	III
1	Unterbeamter	1200—1700	4a	V
	u) Kunstakademie in Königsberg.			
1	Direktor und 1. Lehrer	6500	26*)	III
8	ordentliche Lehrer (im Durchschnitt 4500 M).	2400—6000	14*)	III
1	Inspektor	2100—4500	22b	IV
1	Kastellan	1200—1700	4a	V
	v) Kunstakademie in Düsseldorf.			
17	ordentliche Lehrer höchstens (im Durchschnitt 6500 M, außerdem 1 Lehrer für die Führung der Direktionsgeschäfte 4000 M).	7000	20*)	III
11	ordentliche Lehrer, davon 1 zugleich Sekretär … 1 Konservator der Kunstsammlungen und Bibliothekar (im Durchschnitt 4500 M).	2400—6000	14*)	III
1	Inspektor	2100—4500	22b	IV
1	Kastellan	1200—1700	4a	V
1	Hausdiener			
	w) Kunstakademie in Cassel.			
1	Direktor und 1. Lehrer	6500	26*)	III
6	ordentliche Lehrer (im Durchschnitt 4500 M).	2400—6000	14*)	III
1	Kastellan	1200—1700	4a	V
	x) Kunstschule in Berlin.			
1	Direktor und 1. Lehrer	6500	26*)	III
6	ordentliche Lehrer (im Durchschnitt 4500 M.).	3000—6000	16*)	III
1	Inspektor	2100—4500	22b	IV
1	Portier	1200—1700	4a	V
1	Schuldiener			
	y) Kunst- und Kunstgewerbeschule in Breslau.			
1	Direktor und 1. Lehrer	6500	26*)	III
11	ordentliche Lehrer (im Durchschnitt 4500 M).	3000—6000	16*)	III

		Gestalt ℳ	BK	WG
1	Inspektor	2100—4500	22b	IV
2	Schuldiener	1200—1700	4a	V
	z) Akademie der Wissenschaften in Berlin.			
64	ordentliche Mitglieder — Ehrengehalt je	900	.	.
5	fundierte Fachstellen	600	.	.
4	Sekretäre	1800	.	.
7	wissenschaftliche Beamte (Adjunkten)	3000—7200	40	III
2	Bibliothekare und Archivare			
1	Bureaubeamter	2100—4500	22b	IV
1	Hausinspektor und Kanzlist	1650—3000	12a	IV
1	Diener	1200—1700	4a	V
	Charitékrankenhaus in Berlin.			
1	ärztlicher Direktor	3600	16*)	III
1	Verwaltungs-Direktor	7000—10 000	51	III
1	Oberapotheker	3000—4500	23	III
13	Bureau- und Kassenbeamte	2100—4500	22b	IV
1	Ökonomiebeamter			
1	Betriebstechnischer Inspektionsbeamter			
2	Bureauassistenten	1650—3300	13	IV
3	Bureauhilfsarbeiter	1650	.	.
7	Stationsbeamte	1800—4200	19b	IV
3	Geistliche	3000—6600	34	III
1	Präparator	1650—2300	9	V
1	Maschinenmeister	1400—2000	7d	V
1	Justitiarius	1500	.	.
1	Küster	1400—2000	7a	V
1	Gärtner			
14	andere Unterbeamte	1200—1700	4a	V
3	Apotheker	1800—2500	.	.

XIV. Handels- und Gewerbeverwaltung einschl. der Zentralverwaltung des Ministeriums für Handel und Gewerbe.

a) Ministerium.

(Berlin W. 66, Leipzigerstr. 2.)

1	Minister (außerdem 14000 M nichtpensionsfähige Stellenzulage und freie Dienstwohnung).	36 000	49*)	.
1	Unterstaatssekretär	20 000	47*)	I
2	Direktoren	14 000—17 000	53	I
15	vortragende Räte	7000—11 500	52	II
1	Vorsteher des Zentralbureaus	7800	31*)	III

		Gehalt ℳ	BK	WG
1	Bureauvorsteher	7200	29*)	III
30	expedierende Sekretäre und Kalkulatoren, sowie Registratoren	3000—6600	34	III
1	Kanzleidirektor			
	(Der Vorsteher des Zentralbureaus hat Dienstwohnung.)			
23	Kanzleisekretäre	1800—4000	17	IV
	(1 Kanzleisekretär erhält für Wahrnehmung der Kanzleiinspektorgeschäfte eine nichtpensionsfähige Zulage von 300 M).			
1	Botenmeister	1400—2000	7a	V
1	Kastellan			
19	Kanzleidiener			
	(5 Unterbeamte haben Dienstwohnung. Der Botenmeister bezieht eine nichtpensionsfähige Zulage von 150 M).			
	b) Technische Deputation für Gewerbe.			
6	technische Mitglieder, davon 1 mit	2400	.	.
	5 mit ... je	1500	.	.
	c) Ministerial-Abteilung für das Bergwesen. (Berlin W. 66, Leipzigerstr. 2.)			
1	Direktor	14000—17000	53	I
9	vortragende Räte	7000—11 500	52	II
16	expedierende Sekretäre und Kalkulatoren, sowie Registratoren	3000—6600	34	III
	d) Handels- und Gewerbeabteilung.			
1	Schiffahrtsdirektor	1800	.	.
10	Hafenpolizeisekretäre	1800—4500	21	IV
6	Hafeninspektoren	3000—4500	23	IV
13	Hafenmeister	1650—3300	13a	IV
7	Polizeiwachtmeister	1650—2300	9	V
107	Strom-, Schiffahrts- und Hafenpolizeiaufseher, Schutzmänner und Wächter	1400—2000	7a	V
	(außerdem nichtpensionsfähige Zulagen bis zu 200 M).			
2	Boten bei Hafenpolizeibehörden	1100—1600	3a	V
	(Beim Freiwerden sind von den Hafenpolizeisekretärstellen 3 in Bureauassistentenstellen mit 1650 bis 3300 M Gehalt und von den Hafeninspektorstellen 1 in eine Hafenmeisterstelle umzuwandeln.) 32 Beamte haben Dienstwohnung.			
7	Lotsenkommandeure	3000—4500	23	IV
27	Seeoberlotsen	1650—3000	12c	IV

		Gehalt *M*	BK	WG
3	Lotsenamtsassistenten	1650—3000	12c	IV
123	Seelotsen	1400—2500	10b	V
1	Revierlotse			
	(außerdem für die Seeoberlotsen bis zu 300 M und für die Seelotsen bis zu 200 M nichtpensionsfähige Zulagen).			
1	Stromoberlotse	1650—2300	9	V
6	Stromlotsen	1400—2100	8	V
	(55 Beamte haben Dienstwohnung).			
32	Regierungs- und Gewerberäte	4200—7200	43	III
	(außerdem für ein Drittel der Zahl der etatsmäßigen Stellen je 600 M pensionsfähige Zulage).			
163	Gewerbeinspektoren	3000—7200	41	III
12	etatsmäßige Hilfsarbeiter bei den Gewerbeinspektionen	3300	15*)	III
11	Eichungsinspektoren	3000—7200	41	III
19	Kassen- und Bureaubeamte	1800—3600	16b	IV
44	Eichmeister			
4	Unterbeamte	1200—1700	4a	V
	(18 Eichungsbeamte haben Dienstwohnung).			
2	Beschußmeister bei der Beschußanstalt in Suhl	2100—4500	22b	IV
3	Beschußmeister-Assistenten	1650—3300	13a	IV
1	Pförtner (Dienstwohnung)	1100—1600	3a	V
1	Staatskommissar bei der Berliner Börse	11 500	41*)	II
	(außerdem eine nichtpensionsfähige Zulage bis zu 3500 M).			
1	Bureaubeamter	2100—4500	22b	IV
1	Kanzlist	1650—3000	12a	IV
1	Unterbeamter (Dienstwohnung)	1200—1700	4a	V
1	Lehrer bei den Wanderkursen für Heizer und Maschinisten	3000—7200	41	III
1	Werkmeister als Lehrheizer desgl.	2100—3300	15a	IV
3	Leggemeister	1100—1600	3b	V
16	Regierungs- und Gewerbeschulräte	4200—7200	43	III
	(außerdem für ein Drittel der Zahl der etatsmäßigen Stellen je 600 M pensionsfähige Zulage).			
	e) Gewerbliches Unterrichtswesen, wissenschaftliche und gemeinnützige Zwecke.			
	1. Navigationsschulen und besondere Vorschulen.			
3	Direktoren	4200—7200	43	III
29	Lehrer	3000—5400	28b	IV

		Gehalt ℳ	BK	WG
20	Vorschullehrer	2100—3300	15b	IV
9	Schuldiener	1100—1600	3a	V
	(32 Beamte haben Dienstwohnung.)			
	2. Baugewerkschulen und Tiefbauschule in Rendsburg.			
24	Direktoren	5400—7200	45	III
	(außerdem je 600 M pensionsfähige Zulage).			
321	Oberlehrer	3000—7200	41	III
60	Lehrer	2400—4800	24a	IV
2	Lehrer	2100—4500	22a	IV
24	Schuldiener	1100—1600	3a	V
	(Von den Lehrerstellen mit 2400—4800 M sind bei eintretender Erledigung 20 in Oberlehrerstellen und 40 in Lehrerstellen mit 2100—4500 M umzuwandeln.)			
	3. Maschinenbau- und andere Fachschulen.			
21	Direktoren	5400—7200	45	III
	(außerdem je 600 M pensionsfähige Zulage).			
185	Oberlehrer	3000—7200	41	III
6	technische Lehrer	3000—6000	30a	IV
29	Lehrer	2400—4800	24a	IV
4	Sekretäre und Rechnungsführer	1800—3600	16b	IV
28	Werkmeister	2100—3300	15a	IV
22	Schuldiener	1100—1600	3a	V
	(2 Werkmeister und 21 Schuldiener haben Dienstwohnung.)			
	4. Zeichenakademie in Hanau, Provinzial-, Kunst- und Gewerkschule in Königsberg i. P., Kunstgewerbe- und gewerbliche Zeichenschule in Cassel, Handwerker- und Kunstgewerbeschule in Bromberg, Gewerbeschule in Thorn, keramische Fachschulen in Bunzlau und Höhr.			
6	Direktoren	5400—7200	45	III
	(außerdem je 600 M pensionsfähige Zulage).			
3	Oberlehrer	3000—7200	41	III
1	Leiterin der Haushaltungsschule	3000—4800	26b	IV
28	kunstgewerbliche und technische Lehrer }	3000—6000	30a	IV
2	Handelslehrer }			
2	Handelslehrerinnen }	1650—3000	12b	IV
9	Haushaltungslehrerinnen }			
2	Sekretäre und Rechnungsführer	1800—3600	16b	IV

		Gehalt ℳ	BK	WG
1	Scheibenmodelleur	2100—3300	15a	IV
4	Meister	1650—2300	9	V
1	Pedell	1100—1600	3a	V
4	Schuldiener			
	(3 Direktoren, der Pedell und 2 Schuldiener haben Dienstwohnung.)			
	5. Handels- und Gewerbeschulen für Mädchen mit Pensionat, Haushaltungsschule und Lehrerinnen-Bildungsanstalten.			
3	Vorsteherinnen	3000—4800	26b	IV
1	Pensionatsvorsteherin	1650—3000	12b	IV
56	Lehrerinnen			
3	Sekretäre und Rechnungsführer	1800—3600	16b	IV
4	Schuldiener	1100—1600	3a	V
	f) Porzellanmanufaktur.			
	(Berlin W. 66, Leipzigerstr. 2.)			
2	Direktoren	10 500	39*)	II
1	Verwaltungsdirektor	7500	30*)	III
1	Betriebschemiker	4200—5400	29	IV
1	Chemiker der chemisch-technischen Versuchsanstalt			
1	Modellmeister	4800	21*)	IV
1	Malereivorsteher	4200	19*)	IV
1	Formereibuchhalter	2100—4500	22b	IV
1	Kassierer und Hauptbuchhalter			
1	Malereibuchhalter			
1	Magazinverwalter			
1	Direktionssekretär, Registrator und Kalkulator			
1	Buchhalter und Kontrolleur im Verkaufslager			
1	Debitsvorsteher	3000	14*)	IV
3	Debitsbeamte	1800—3300	14	IV
1	Hausinspektor und Materialienverwalter			
	(Der Debitsvorsteher und die Debitsbeamten erhalten Tantiemen.)			
1	technischer Assistent	3000	14*)	IV
1	Obermaler als technischer Assistent der Malerei	3300	15*)	IV
1	Lehrer für Zeichnen und Malen	3000	14*)	IV
2	Assistenten für die Geschirrverwaltung	1650—3000	12b	IV
1	Kassendiener	1200—1700	4a	V
	7 Beamte haben Dienstwohnung.			
	g) Landesgewerbeamt.			
6	Räte	5700—7500	47	III
	(außerdem 1800 M pensionsberechtigende Zulage).			

		Gehalt ℳ	BK	WG
3	Sekretäre	2100—4500	22b	IV
2	Kanzlisten	1650—3000	12a	IV
1	Bote	1200—1700	4a	V
	h) Berg-, Hütten- und Salinenverwaltung.			
	1. Bergwerke.			
	I. Beamte der Bergwerkdirektionen.			
3	Vorsitzende der Direktionen	11 000	40*)	II
20	Mitglieder der Direktionen (Bergwerksdirektoren I. Klasse)	4200—7200	43	III
	(außerdem für 3 Mitglieder für die Vertretung der Vorsitzenden je 600 M pensionsfähige Zulage).			
2	Bauinspektoren	3000—7200	41	III
12	Beamte in der Klasse der Betriebsinspektoren	3000—5400	28c	III
1	Grubenmarkscheider	2700—4800	25	III
3	Rendanten	4200—6000	31b	IV
76	Sekretäre, darunter 7 technische	2100—4500	22b	IV
12	Kanzlisten	1650—2700	11a	IV
	(1 Kanzlist bei der Direktion in Saarbrücken erhält für Wahrnehmung der Kanzleivorsteher-geschäfte 300 M nichtpensionsfähige Zulage.)			
3	obere Werksbeamte I. Klasse	2100—4500	22c	IV
1	oberer Werksbeamter II. Klasse	1800—3600	16b	IV
15	mittlere Werksbeamte	1650—3300	13b	IV
6	Boten (einschl. 1 Pförtner)	1200—1700	4a	V
	(3 Boten erhalten je 150 M nichtpensionsfähige Zulage.)			
3	untere Werksbeamte	1200—1700	4b	V
	(außerdem nichtpensionsfähige Zulage bis zu 200 M).			
	II. Beamte bei den Werken.			
1	Direktor der Bernsteinwerke	9000	36*)	II
31	Direktoren I. Klasse	4200—7200	43	III
1	Direktor II. Klasse (künftig wegfallend).	3600—6000	.	III
46	Betriebsinspektoren (einschl. 1 Chemiker)	3000—5400	28c	III
35	Grubenmarkscheider	2700—4800	25	IV
1	Rendant } bei den Bernsteinwerken	3000—4800	26a	IV
1	Hauptbuchhaltereivorsteher } bei den Bernsteinwerken			
1	Lagerverwalter } bei den Bernsteinwerken			
4	Sekretäre bei den Bernsteinwerken	2100—4500	22b	IV
27	Faktoren	1800—4500	21	IV
238	Schichtmeister			
20	Kanzlisten	1650—2700	11a	IV

		Gehalt ℳ	BK	WG
122	obere Werksbeamte I. Klasse	2100—4500	22c	IV
129	„ „ II. „	1800—3600	16b	IV
1109	mittlere „	1650—3300	13b	IV
197	untere „	1200—1700	4b	V
1	Bote	1200—1700	4a	V
	(Die Werksbeamten erhalten bis zu 200 M nichtpensionsfähige Stellenzulage.)			
	III. Beamte bei den Oberbergämtern.			
5	Berghauptleute	12 000	42*)	II
37	Oberbergräte	4200—7200	43	III
	(außerdem für 5 Oberbergräte für Vertretung der Berghauptleute je 1200 M und für die übrigen Mitglieder bis zu einem Drittel der Zahl der etatsmäßigen Stellen je 600 M pensionsfähige Zulage).			
87	Sekretäre	2100—4500	22b	IV
	(1 Sekretär bezieht eine nichtpensionsfähige Zulage von 500 M).			
32	Kanzlisten	1650—2700	11a	IV
	(1 Kanzlist bezieht eine nichtpensionsfähige Zulage von 300 M).			
25	Zeichner	1650—3300	13a	IV
19	Kanzleidiener	1200—1700	4a	V
14	Oberbergamtsmarkscheider	4200—6000	31a	IV
70	Bergrevierbeamte	3600—7200	42	III
28	Revier-Berginspektoren	3000—5400	28c	III
70	Revier-Bureauassistenten	1650—3300	13a	IV
7	Revier-Kanzlisten	1650—2700	11a	IV
64	Einfahrer	1800—4200	19b	IV
	IV. Beamte bei den bergtechnischen Lehranstalten.			
	Geologische Landesanstalt und Bergakademie in Berlin.			
2	Direktoren	10 000	38a*)	II
11	Professoren — im Durchschnitt	6500	19*)	III
16	Landesgeologen	4200—7200	43	III
	(außerdem für 2 Abteilungsdirigenten je 900 M und für die übrigen Mitglieder bis zu einem Drittel der Zahl der etatsmäßigen Stellen je 600 M pensionsfähige Zulage).			
16	Bezirksgeologen .... }	3800—4800	26b	IV
4	Chemiker .... }			
3	Kustoden	2700—7200	40	III
1	Topograph	2700—4800	25	IV

		Gehalt ℳ	BK	WG
1	Justitiar und Verwaltungsrat	4200—7200	43	III
	(außerdem evtl. 600 M pensionsfähige Zulage).			
1	Bauinspektor	3000—7200	41	III
1	Bureaubeamter	4500	20*)	IV
	(ferner 1200 M nichtpensionsfähige Zulage).			
6	Bureaubeamte	1800—4800	.	IV
	(Diese Stellen werden nach dem Freiwerden in solche mit 2100—4500 M umgewandelt.)			
3	Bureaubeamte	2100—4500	22 b	IV
1	Bureauassistent	1650—3300	13a	IV
2	Kanzleisekretäre	1650—3000	12a	IV
12	Abteilungsdirektoren .... bis	9000	23*)	III
4	„ im Nebenamt .... je	1800	.	.
1	Restaurator	2700—7200	40	III
27	Direktorialassistenten	2400—4800	8*)	III
1	Chemiker	2700—7200	40	III
1	Bibliothekar			
1	Restaurator im Kupferstichkabinett			
1	Konservator beim Museum für Völkerkunde			
1	zweiter Restaurator und Inspektor bei der Gemäldegalerie	1800—3300	14	IV
1	technischer Inspektor der Gipsformerei			
18	Oberaufseher			
3	Kastellane			
3	Röhrmeister und Oberheizer	1400—2000	7d	V
1	Hilfsrestaurator			
141	Sammlungsaufseher, Kassendiener, Pförtner, Bureaudiener, Hausdiener und Wächter	1200—1700	4a	V
	2. Kunstgewerbe-Museum in Berlin.			
1	Direktor der Sammlungen			
1	„ „ Unterrichtsanstalt .... bis	9000	23*)	III
1	„ „ Bibliothek			
	(außerdem für 1 Direktor 1000 M Renumeration für Führung der allgemeinen Verwaltungsgeschäfte).			
8	Direktorialassistenten	2400—4800	8*)	III
18	Lehrer der Vorbereitungs- und der Fachklassen ..	3000—6000	16*)	III
4	Bureaubeamte	1800—4800	.	IV
2	Bibliothekverwalter			
	(Nach dem Ausscheiden der gegenwärtigen Inhaber der Stellen werden letztere in solche mit 2100—4500 M umgewandelt.)			
3	Bureaubeamte	2100—4500	22b	IV

		Gehalt M	BK	WG
4	Kanzlisten	1650—2700	11a	IV
10	obere Werksbeamte I. Klasse	2100—4500	22c	IV
17	„ „ II. „	1800—3600	16b	IV
79	mittlere „	1650—3300	13b	IV
28	untere „	1200—1700	4b	V
	4. Badeanstalten.			
4	Schichtmeister	1800—4500	21	IV
1	oberer Werksbeamter II. Klasse	1800—3600	16b	IV
5	mittlere Werksbeamte	1650—3300	13b	IV
2	untere „	1200—1700	4b	V
1	Badepolizeibeamter	1400—2000	7a	V
1	Badekartenverkäuferin	1100—1600	3b	V
	5. Steinkohlenbergwerke b. Obernkirchen. (1/2 Preußisch.)			
1	Direktor	4200—7200	43	III
1	Inspektor	3000—5400	28c	III
1	Grubenmarkscheider	2700—4800	25	III
6	Schichtmeister	1800—4500	21	IV
1	Kanzlist	1650—2700	11a	IV
2	obere Werksbeamte I. Klasse	2100—4500	22c	IV
5	„ „ II. „	1800—3600	16b	IV
28	mittlere „	1650—3300	13b	IV
1	untere „	1200—1700	4b	V

XV. Ministerium des Innern.

a) Ministerium.

(Berlin NW. 7, Unter den Linden 72/73.)

1	Minister (außerdem 14 000 M nichtpensionsfähige Stellenzulage und freie Dienstwohnung).	36 000	49*)	.
1	Unterstaatssekretär	20 000	47*)	I
1	Direktor	14000—17 000	53	I
14	vortragende Räte	7000—11 500	52	II
1 1	polizeitechnischer Hilfsarbeiter und technischer Hilfsarbeiter für die Bearbeitung des Beamten-Baugenossenschaftswesens	7200	29*)	III
1	Vorsteher des Zentralbureaus	7800	31*)	III
1	Direktor des Literarischen Bureaus	4200—7200	43	III
1	Bureauvorsteher	7200	29*)	III

		Gehalt ℳ	BK	WG
43	Expedienten, Kalkulatoren und Registratoren mit Einschluß des Rendanten der Ministerial-Bureaukasse	3000—6600	34	III
3	Lektoren beim Literarischen Bureau			
1	Kanzleidirektor			
	Der Vorsteher des Zentralbureaus hat Dienstwohnung.			
27	Kanzleisekretäre	1800—4000	17	IV
	(1 Kanzleisekretär erhält für Wahrnehmung der Kanzleiinspektorgeschäfte 300 M nichtpensionsfähige Zulage).			
1	Botenmeister und Kastellan	1400—2000	7a	V
30	Kanzleidiener und andere Unterbeamte			
	(9 Unterbeamte haben Dienstwohnung. Der Botenmeister hat außerdem noch 150 M nichtpensionsfähige Zulage).			
	b) Statistisches Landesamt. (Berlin SW. 68, Lindenstraße 28.)			
1	Präsident	11 500	41*)	II
9	Mitglieder	3600—7200	42	III
	(außerdem 1200 M pensionsfähige Zulage für 1 Mitglied als Vertreter des Präsidenten).			
1	Mitglied im Nebenamte	1200	.	.
54	Bureaubeamte (einschl. des Bibliothekars und des Plankammerinspektors)	2100—4500	22b	IV
	(18 vor dem 1. 4. 97 angestellte Bureaubeamte erhalten noch 1800—4800 M Gehalt.) Außerdem je 500 M nichtpensionsfähige Zulage für den Zentralbureauvorsteher, den Bibliothekar und 10 Bureaubeamte in leitender Stellung (einschl. des Kassenbeamten).			
1	Kanzlist	1650—3000	12a	IV
1	Botenmeister	1200—1700	4a	V
3	Kanzleidiener			
	(außerdem 150 M nichtpensionsfähige Zulage für den Botenmeister). 2 Unterbeamte haben Dienstwohnung.			
	c) Oberverwaltungsgericht. (Charlottenburg 2, Hardenbergstraße 31.)			
1	Präsident	21 000	48*)	I
	(außerdem 2000 M nichtpensionsfähige Zulage).			
8	Senatspräsidenten	14 000	44*)	II

		Gehalt M	BK	WG
45	Räte	7000—11 500	52	II
1	Bureauvorsteher	7800	31*)	III
34	Bureaubeamte	3000—6600	34	III
1	Kanzleidirektor			
31	Kanzleisekretäre	1800—4000	17	IV
1	Botenmeister	1400—2000	7a	V
17	Kanzleidiener			
	Der Botenmeister bezieht eine nichtpensionsfähige Zulage von 150 M. (Der Präsident, der Bureauvorsteher und 3 Unterbeamte haben Dienstwohnung.)			
	d) Versicherungsrevisoren.			
5	Versicherungsrevisoren	3000—7200	41	III
	e) Staatliche Nahrungsmittel-Untersuchungsanstalt für die im Landespolizeibezirk Berlin bestehenden Königlichen Polizeiverwaltungen.			
1	Vorsteher	4000—6900	39a	III
5	Assistenten	3000—4800	26b	IV
	(außerdem 600 M nichtpensionsfähige Zulage für 1 Beamten als Stellvertreter des Vorstehers).			
	f) Landrätliche Behörden und Ämter.			
482	Landräte	3600—7200	42	III
4	Oberamtmänner			
9	Hilfsbeamte	2700—4800	25	IV
524	Kreissekretäre	2100—4500	22b	IV
4	Oberamtssekretäre			
180	Kreisassistenten	1650—3300	13a	IV
4	Polizeikommissare	2100—4500	22b	IV
486	Kreisboten	1200—1700	4a	V
4	Oberamtsdiener			
1	Polizeigefängnisaufseher			
4	Polizeiwachtmeister	1650—2300	9	V
70	Schutzmänner	1400—2100	8a	V
	g) Polizeiverwaltung in Berlin und Umgebung, Charlottenburg, Lichtenberg-Boxhagen-Rummelsburg, Rixdorf und Schöneberg-Deutsch-Wilmersdorf.			
1	Polizeipräsident	13 000	43*)	II
	(außerdem 3000 M nichtpensionsfähige Stellenzulage).			

		Gehalt ℳ	BK	WG
4	Oberregierungsräte	4200—7200	43	III
20	Regierungsräte			
4	Abteilungsdirigenten — Oberregierungsräte			
1	Abteilungsdirigent für die politische Polizei			
	Außerdem bei der Polizeiverwaltung in Berlin: für den Oberregierungsrat, der ständiger Vertreter des Polizeipräsidenten ist, 2100 M pensionsfähige Zulage, für die übrigen Oberregierungsräte und den Abteilungsdirigenten für die politische Polizei je 1200 M pensionsfähige Zulage; für die übrigen Regierungsräte in gehobenen Stellungen bis zu einem Drittel der Zahl der etatsmäßigen Stellen je 600 M pensionsfähige Zulage.			
4	Polizeipräsidenten oder Polizeidirektoren	6000—8500	48	III
1	Regierungsrat	4200—7200	43	III
1	Kasseninspektor	4200—6600	37	III
2	Abteilungsdirigenten und Polizeiräte	3000—6000	30	III
	(außerdem je 600 M pensionsfähige Dirigentenzulage).			
37	Polizeiräte	3000—6000	30	III
	(außerdem 600 M pensionsfähige Zulage für 1 Polizeirat als Vorsteher des Einwohner-Meldeamts in Berlin).			
19	Polizeiassessoren	2400—4800	24b	IV
398	Polizeisekretäre	2100—4500	22b	IV
18	Polizei-Telegraphensekretäre			
	(außerdem nichtpensionsfähige Stellenzulagen von je 300 M für die als Rendanten beschäftigten Polizeisekretäre und von 500 M für 1 Polizeisekretär in Berlin als Vorsteher der Kalkulatur. Der gegenwärtige Inhaber der letzteren Stelle bezieht 600 M pensionsfähige Zulage).			
18	Polizei-Telegraphenassistenten	1650—3300	13a	IV
180	Meldeamts-Bureauassistenten			
77	Kanzlisten	1650—3000	12a	IV
1	Rendant der Polizeihauptkasse	4800—6000	32	IV
1	Oberbuchhalter	3000—4500	23	IV
1	Kassierer			
11	Buchhalter	2100—4500	22b	IV
1	Botenmeister	1400—2000	7a	V
2	Kastellane			
1	Hausvater beim Polizeigefängnis		7b	
1	Oberheizer			
1	Oberaufseher beim Polizeigefängnis			

		Gehalt ℳ	BK	WG
1	Vorsteherin des Polizeigewahrsams für weibliche Personen	1400—2000	7a	V
3	Kassendiener			
78	Boten und Vollziehungsbeamte			
1	Portier	1200—1700	4a	V
3	Leichendiener			
18	Aufseher			
	(9 Aufseher erhalten nichtpensionsfähige Zulagen bis zu 200 M).			
6	Aufseherinnen	1100—1300	1	V
1	Polizeioberst und Kommandeur der Schutzmannschaft	6000—8500	48	III
3	Polizeimajore	5400—6600	38	III
25	Polizeihauptleute			
9	Kriminalinspektoren			
1	Telegrapheningenieur	4200—5400	29	III
1	Polizeigefängnisinspektor			
198	Polizeileutnants			
80	Kriminalkommissare	3000—4500	23	IV
	(Die Polizeileutnants und Kriminalkommissare erhalten je 300 M nichtpensionsfähige Zulage.)			
20	Polizeioberwachtmeister	1650—2700	11c	IV
717	Polizeiwachtmeister	1650—2300	9	V
7434	Schutzmänner	1400—2100	8a	V
	b) Polizeiverwaltung in den Provinzen.			
1	Polizeipräsident in Frankfurt a. M. (außerdem 2700 M nichtpensionsfähige Stellenzulage).	9500	37*)	II
5	Polizeipräsidenten in Königsberg, Breslau, Posen, Hannover und Köln	6000—9000	50	III
11	Polizeipräsidenten oder Polizeidirektoren	6000—8500	48	III
8	Regierungsräte	4200—7200	43	III
43	Polizeiräte	3000—6000	30	III
29	Polizeiassessoren	2400—4800	24b	IV
8	Grenzkommissare	3000—4500	23	IV
487	Polizeisekretäre	1800—4500	21	IV
	(außerdem je 300 M nichtpensionsfähige Zulage für die als Rendanten beschäftigten Sekretäre).			
154	Meldeamts-Bureauassistenten	1650—3300	13a	IV
69	Kanzlisten	1650—2700	11a	IV
1	Bezirkspolizeikommissar	3000—5400	28a	IV
37	Polizeiinspektoren	2700—5100	27b	IV
	(außerdem nichtpensionsfähige Stellenzulagen bis zu 400 M).			
370	Polizeikommissare	2100—4500	22b	IV

		Gehalt M	BK	WG
2	Polizeigefängnisinspektoren (Die vor dem 1. 4. 08 angestellten Inspektoren beziehen das Gehalt von 2100—4500 M)	1650—3300	13a	IV
2	Polizeigefängnisvorsteher	1650—3300	13a	IV
305	Polizeiwachtmeister	1650—2300	9	V
6089	Schutzmänner	1400—2100	8a	V
4	Polizeigefängnisoberaufseher	1400—2000	7b	V
171	Polizeiboten und Polizeigefängnisaufseher	1200—1700	4a	V
3	Polizeidiener	1100—1300	1	V
6	Gefangenwärterinnen			
	i) Polizei-Distriktskommissare in der Provinz Posen.			
171	Polizei-Distriktskommissare	2700—5100	27a	IV
	k) Landgendarmerie.			
12	Brigadiers (im Durchschnitt 7000 M).	6000—8000	21*)	III
2	Adjutanten und	3300—5700	13*)	III
58	Distriktsoffiziere			
14	Zahlmeister	2100—4500	22b	IV
3	Bureaubeamte (1 Zahlmeister bezieht noch bis zum Ausscheiden ein Gehalt von 1800—4800 M).			
435	Oberwachtmeister (außerdem nichtpensionsfähige Zulagen bis zu 200 M).	1650—2700	11c	IV
5154	Gendarmen (außerdem nichtpensionsfähige Zulagen bis zu 200 M, ferner bis zu 300 M für 1 Gendarmen auf Helgoland).	1400—2100	8a	V
3	Portiers	1200—1700	4a	V
	l) Strafanstaltsverwaltung.			
6	Direktoren	4200—7200	43	III
33	Direktoren	3600—6600	35	III
4	Direktoren bei den Erziehungsanstalten	3000—6600	34	III
57	Geistliche (außerdem je 500 M nichtpensionsfähige Seelsorgezulage für die Direktoren bei den Erziehungsanstalten).			
127	Inspektoren (außerdem je 300 M Funktionszulage für 14 Inspektoren, die an kleineren Anstalten zugleich das Amt des Vorstehers verwalten).	2100—4500	22c	IV

		Gehalt ℳ	BK	WG
63	Sekretäre	1650—3300	13a	IV
56	Lehrer (außerdem nichtpensionsfähige Organistenzulagen von je 250 M).	1800—3600	16a	IV
14	Oberinnen	2700	11*)	IV
12	Buchhalterinnen	1400—2500	10b	V
12	Lehrerinnen (außerdem nichtpensionsfähige Organistenzulagen von je 180 M für die Lehrerinnen).	1400—2500	10b	IV
49	Hausväter	1400—2000	7b	V
12	Maschinenwärter	1400—2000	7b	V
54	Oberaufseher	1400—2000	7b	V
71	Werkmeister	1400—2000	7b	V
1464	Aufseher	1200—1700	4a	V
31	Oberaufseherinnen, Hausmütter und Werkmeisterinnen	1100—1600	3b	V
181	Aufseherinnen (Außerdem nichtpensionsfähige Stellenzulagen bis zu 200 M für Hausväter, Maschinenwärter, Oberaufseher, Aufseher und die Oberaufseherinnen usw., und zwar für die Hälfte der vorhandenen Stellen.)	1100—1300	1	V

XVI. Justizverwaltung.

a) Ministerium.

(Berlin W. 64, Wilhelmstr. 65.)

		Gehalt ℳ	BK	WG
1	Minister (außerdem 14 000 M nichtpensionsfähige Stellenzulage und freie Dienstwohnung).	36 000	49*)	.
1	Unterstaatssekretär	20 000	47*)	I
2	Direktoren	14 000—17 000	53	I
21	vortragende Räte	7000—11 500	52	II
1	Vorsteher des Zentralbureaus	7800	31*)	III
1	Bureauvorsteher	7200	29*)	III
48	Expedienten, Kalkulatoren und Registratoren	3000—6600	34	III
1	Kanzleidirektor	3000—6600	34	III
22	Kanzleisekretäre	1800—4000	17	IV
1	Botenmeister	1400—2000	7a	V
25	Kanzleidiener und andere Unterbeamte (Der Botenmeister erhält 150 M nichtpensionsfähige Stellenzulage.) (6 Unterbeamte haben Dienstwohnung.)	1400—2000	7a	V

		Gehalt ℳ	BK	WG
	b) Justizprüfungskommission.			
1	Präsident	14 000—17 000	53	I
1	ständiger Vertreter des Präsidenten (einem vortragenden Rate des Justizministeriums übertragen, der eine pensionsfähige Zulage von 3000 M bezieht).	7000—11 500	52	II
4	Oberlandesgerichtsräte als hauptamtliche Mitglieder der Justizprüfungskommission (Übertragen aus der Zahl der Oberlandesgerichtsräte. Außerdem je 600 M pensionsfähige Zulage.)	6000—7200	46	III
2	Expedienten und Registratoren	3000—6600	34	III
	c) Oberlandesgerichte.			
1	Präsident des Kammergerichts	20 000	47*)	I
13	Präsidenten der übrigen Oberlandesgerichte	15 000	45*)	II
78	Senatspräsidenten (Die Oberlandesgerichtspräsidenten erhalten freie Dienstwohnung oder eine entsprechende Mietentschädigung.)	7000—11 500	52	II
422	Oberlandesgerichtsräte (außerdem je 600 M pensionsfähige Zulage).	6000—7200	46	III
1	Oberstaatsanwalt beim Kammergerichte	13 000	43*)	II
13	Oberstaatsanwälte bei den übrigen Oberlandesgerichten	11 500	41*)	II
9	Staatsanwälte als Vertreter der Oberstaatsanwälte (außerdem je 600 M pensionsfähige Zulage).	6000—7200	46	III
17	Staatsanwälte (außerdem je 600 M nichtpensionsfähige Funktionszulage, soweit als sie mit Hinzurechnung des Gehalts den Betrag von 7200 M nicht übersteigen).	3000—7200	41	III
4	Rechnungsdirektoren	4200—6600	37	III
14	Justizhauptkassenrendanten	4200—6000	31b	III
6	Gerichtsschreiber als Kassierer bei den Justizhauptkassen	3000—4500	23	IV
28	Gerichtsschreiber und Sekretäre — Berlin (Darunter 4 als Kassenbeamte beschäftigt.) (Nach dem Ausscheiden der gegenwärtigen Inhaber der Stellen werden letztere in solche mit 1800—4500 M umgewandelt.)	1800—4800		
344	Gerichtsschreiber und Sekretäre (darunter 47 als Kassenbeamte beschäftigt)	2100—4500	22b	IV
116	Kanzlisten (14 Kanzlisten erhalten für Wahrnehmung der Kanzleivorstehergeschäfte je 300 M nichtpensionsfähige Zulage).	1650—3000	12a	IV

		Gehalt ℳ	BK	WG
127	Gerichtsdiener ... (Die mit Wahrnehmung der Botenmeistergeschäfte beauftragten Gerichtsdiener erhalten je 150 M nichtpensionsfähige Zulage.) (19 Unterbeamte haben Dienstwohnung.)	1200—1700	4a	V
	d) Landgerichte und Amtsgerichte.			
1	Landgerichtspräsident beim Landgericht I in Berlin (mit mehr als 30 etatsmäßigen richterlichen Beamtenstellen) ...	11 500	41*)	II
95	Landgerichtspräsidenten bei den anderen Landgerichten ...	7000—11 500	52	II
1	Amtsgerichtspräsident beim Amtsgericht Berlin-Mitte ...	11 500	41*)	II
373	Landgerichtsdirektoren ... (außerdem je 600 M pensionsfähige Zulage). 9 Präsidenten haben Dienstwohnung.	6000—7200	46	III
4817	Landrichter und Amtsrichter ...	3000—7200	41	III
1	Erster Staatsanwalt beim Landgericht I in Berlin	11 500	41*)	II
95	Erste Staatsanwälte bei den anderen Landgerichten	} 6000—7200	} 46	} III
4	Staatsanwälte als Abteilungsvorsteher bei der Staatsanwaltschaft des Landgerichts I in Berlin			
1	Erster Amtsanwalt beim Amtsgerichte Berlin-Mitte (außerdem je 600 M pensionsfähige Zulage).			
376	Staatsanwälte ...	3000—7200	41	III
1	Rendant beim Amtsgerichte Berlin-Mitte ...	4200—6000	31b	IV
1	Vorsteher beim Einziehungsamt ...	} 1800—4500	} 21	} IV
1	Oberbuchhalter ... (außerdem je 500 M pensionsfähige Zulage).			
2	Rendanten, und zwar je 1 in Breslau und Cöln ..	} 1800—4500	} 21	} IV
1	Gerichtsvollzieherinspektor beim Amtsgerichte Berlin-Mitte ...			
100	Rechnungsrevisoren ...			
110	Rendanten ...			
1	Zwangsverwaltungsinspektor ...			
6151	Gerichtsschreiber und Sekretäre (darunter 301 als Kassenbeamte beschäftigt) ... (außerdem erhalten: der Gerichtsvollzieherinspektor 500 M. pensionsfähige Zulage; Gerichtsschreiber, die bei Kassen am Sitze der Landgerichte sowie der Amtsgerichte mit 3 oder mehr Richtern die Rendantengeschäfte versehen, sowie die Hauptkassenkontrolleure bei den Gerichtskassen in Breslau und Cöln und die Einnehmer bei den Gerichtskassen Berlin-Mitte, in Breslau und Cöln je 150 M. nichtpensionsfähige Zulage).			

		Gehalt ℳ	BK	WG
	Außerdem 24 Kalkulatoren, die Gebühren mit der Maßgabe beziehen, daß der pensionsfähige Höchstbesoldungsbetrag 4500 M nicht übersteigt.			
83	Amtsanwälte	2700—5100	27a	IV
1728	Gerichtsschreibergehilfen und Assistenten	1650—3300	13a	IV
	(außerdem erhalten die als Dolmetscher beschäftigten Beamten je bis zu 300 M nichtpensionsfähige Zulage; 76 Stellen sind nach dem Ausscheiden der gegenwärtigen Inhaber in Sekretärstellen umzuwandeln).			
849	Kanzlisten	1650—2700	11a	IV
	(1 beim Landgerichte I in Berlin mit der Wahrnehmung der Kanzleiinspektorgeschäfte beauftragter Kanzlist erhält 300 M nichtpensionsfähige Zulage).			
1619	Gerichtsvollzieher	1650—3300	13	IV
555	Gerichtsvollzieher der niederen Gehaltsklasse	1650—2300	9	V
109	Gefängnisinspektoren	2100—4500	22c	IV
58	Inspektionsassistenten	1650—3300	13a	IV
3	Lehrer	1800—3600	16a	IV
	(außerdem nichtpensionsfähige Organistenzulagen von je 250 M).			
1	Buchhalterin	1400—2500	10b	V
	(64 Inspektoren erhalten freie Dienstwohnung, 7 Inspektionsassistenten und Lehrer haben Dienstwohnungen).			
2	Maschinenmeister	1400—2000	7b	V
17	Werkmeister			
1	Küchenmeister			
11	Hausväter			
68	Oberaufseher bei den Gefängnissen			
	(ein Teil dieser Beamten erhält bis zu 200 M. nichtpensionsfähige Zulage).			
3958	Gerichtsdiener, Gefangenaufseher und Heizer	1200—1700	4a	V
	(Von 9 Gerichtsdienern erhalten 8 = 1500 bis 2400 M und 1 = 1500—2100 M Gehalt. Diese Stellen werden nach dem Ausscheiden der jetzigen Inhaber in solche mit 1200—1700 M Gehalt umgewandelt.) Zum Teil beziehen diese Beamten bis zu 200 M nichtpensionsfähige Stellenzulage.			
5	Oberaufseherinnen	1100—1600	3b	V
93	Aufseherinnen	1100—1300	1	V
	(Die Unterbeamten haben zum Teil Dienstwohnung.)			

		Gehalt ℳ	BK	WG
	e) Besondere Gefängnisse.			
14	Direktoren, und zwar 8 mit	3600—6600	35	III
	6 „	4200—7200	43	III
19	Geistliche	3000—6600	34	III
59	Inspektoren	2100—4500	22c	IV
	(11 Inspektoren erhalten je 300 M nichtpensionsfähige Zulage.)			
4	Rendanten	2100—4500	22c	IV
49	Inspektionsassistenten	1650—3300	13a	IV
15	Lehrer	1800—3600	16a	IV
1	Oberin	2700	11*)	IV
3	Buchhalterinnen	1400—2500	10b	V
1	Lehrerin			
	(Die Lehrerin erhält außerdem 180 M nichtpensionsfähige Organistenzulage.)			
1	Ingenieur	3900	17*)	IV
	(Die Beamten haben zum Teil Dienstwohnung.)			
14	Maschinenmeister	1400—2000	7b	V
1	Gasmeister			
31	Werkmeister			
4	Küchenmeister			
3	Wasch- und Bademeister			
16	Hausväter			
40	Oberaufseher			
530	Aufseher	1200—1700	4a	V
1	Werkmeisterin	1100—1600	3b	V
1	Hausmutter			
7	Oberaufseherinnen			
59	Aufseherinnen	1100—1300	1	V
	(382 Beamte haben freie Dienstwohnung).			

XVII. Landwirtschaftliche Verwaltung einschließlich der Zentralverwaltung des Ministeriums für Landwirtschaft, Domänen und Forsten.

a) Ministerium.

(Berlin W. 9, Leipzigerplatz 6—10.)

1	Minister	36 000	49*)	.
	(außerdem 14000 M. nichtpensionsfähige Stellenzulage und freie Dienstwohnung).			
1	Unterstaatssekretär	20 000	47*)	I
4	Direktoren	14000—17000	53	I
1	Oberlandstallmeister			

		Gehalt ℳ	BK	WG
33	vortragende Räte	7000—11 500	52	II
1	Regierungs- und Forstrat als forsttechnischer und			
1	Regierungs- und Baurat als bautechnischer Hilfsarbeiter	4200—7200	43	III
	(außerdem je 1200 M nichtpensionsfähige Zulage).			
4	ständige landwirtschaftliche technische Hilfsarbeiter			
1	ständiger veterinärtechnischer Hilfsarbeiter	7200	29*)	III
1	Vorsteher des Zentralbureaus	7800	31*)	III
73	Kalkulatoren, Expedienten, Registratoren und Bureaubeamte des Forsteinrichtungsbureaus			
1	Kanzleidirektor	3000—6600	34	III
2	bautechnische,			
2	meliorationstechnische Revisoren			
	(Der Vorsteher des Zentralbureaus hat Dienstwohnung.)			
31	Kanzleisekretäre	1800—4000	17	IV
1	Botenmeister			
41	Kanzleidiener und andere Unterbeamte	1400—2000	7a	V
	(1 Kanzleisekretär erhält für Wahrnehmung der Kanzleiinspektorgeschäfte 300 M nichtpensionsfähige Zulage.)			
	6 Unterbeamte haben Dienstwohnung.			
	b) Technische Beamte des Forsteinrichtungsbureaus.			
1	Regierungs- und Forstrat	4200—7200	43	III
	(außerdem 1200 M nichtpensionsfähige Zulage).			
2	Vermessungsbeamte	2700—4800	25	IV
	(außerdem je 600 M nichtpensionsfähige Zulagen).			
4	Forstgeometer			
2	Zeichner	1650—3300	13a	IV
	(außerdem je 400 M nichtpensionsfähige Zulagen).			
	c) Oberlandeskulturgericht.			
	(Berlin C. 19, Unterwasserstraße 5.)			
1	Präsident	13 000	43*	II
9	Räte	7000—10 000	51	III
2	Sekretäre	3000—5400	28b	IV
2	Kanzlisten	1650—3000	12	IV
	(1 Bureaubeamter hat Dienstwohnung.)			
2	Boten	1400—1800	6a	V
	(1 Bote hat Dienstwohnung.)			

		Gehalt ℳ	BK	WG
	d) Generalkommissionen.			
9	Präsidenten der Generalkommissionen	11 000	40*)	II
69	Räte (davon 4 künftig wegfallend) .... (außerdem für 10 Oberregierungsräte für die Vertretung des Präsidenten je 1200 M pensionsfähige Zulage, für die sonstigen Räte bis zu einem Drittel der Zahl der etatsmäßigen Stellen je 600 M pensionsfähige Zulage).	4200—7200	43	III
136	Generalkommissionssekretäre	2100—4500	22b	IV
75	Spezialkommissionssekretäre (Bureauvorsteher) .... (9 Generalkommissionssekretäre in den Präsidialbureaus erhalten je 500 M nichtpensionsfähige Zulage.)			
160	Spezialkommissionssekretäre	1650—3300	13a	IV
62	Generalkommissionskanzlisten .... (9 Kanzlisten erhalten für Wahrnehmung der Kanzleivorstehergeschäfte je bis zu 300 M nichtpensionsfähige Zulagen.)	1650—3000	12a	IV
13	Vermessungsinspektoren	4000—6900	39b	III
32	Boten (12 haben Dienstwohnung) .... (9 Boten erhalten je 150 M nichtpensionsfähige Zulage.)	1200—1700	4a	V
74	Spezial-(Ökonomie-)Kommissare	3000—7200	41	III
19	Spezialkommissare			
1	Moorkommissar			
780	Vermessungsbeamte	2700—4800	25	IV
212	Zeichner	1650—3300	13	IV
63	Spezialkommissare aus der Klasse der Regierungsräte und Assessoren mit fixierten Remunerationen	2700—5000	.	.
	e) Banktechnische Revisoren.			
3	Bankinspektoren mit Einheitsgehältern bis......	6600	27*)	III
	f) Landwirtschaftliche Lehranstalten.			
	1. Landwirtschaftliche Hochschule in Berlin.			
18	Professoren, von denen einer zugleich Kustos des Museums ist, mit durchschnittlich	6500	19*)	III
5	Bureau- und Kassenbeamte, darunter 1 Bibliothekar (außerdem 600 M pensionsfähige Zulage für den Rendanten und 300 M nichtpensionsfähige Zulage für den Bibliothekar).	2100—4500	22b	IV
1	Präparator...................................	1650—2300	9	V

		Gehalt M	BK	WG
1	Mechaniker	1400—2000	7d	V
1	Kastellan			
3	Pförtner			
14	Diener	1200—1700	4a	V
2	technische Unterbeamte			
	(3 Unterbeamte beziehen bis zu 200 M Zulagen.)			
	2. Landwirtschaftliche Akademie in Bonn-Poppelsdorf.			
1	Direktor	7500	30*)	III
10	Professoren, mit Einschluß des Versuchsdirigenten, mit durchschnittlich	5500	17*)	III
3	Bureau- und Kassenbeamte	2100—4500	22b	IV
1	Mechaniker	1400—1800	6a	V
1	Maschinenschlosser			
1	Pförtner			
6	Diener	1200—1700	4a	V
1	Gartenmeister			
	(1 Unterbeamter bezieht 150 M nichtpensionsfähige Zulage.)			
	3. Kaiser Wilhelms-Institut für Landwirtschaft in Bromberg.			
1	Direktor	7500	30*)	III
2	Abteilungsvorsteher	4200—7200	43	III
1	Vorsteherstellvertreter	3000—5400	28b	III
1	Bureau- und Kassenbeamter	2100—4500	22b	IV
1	Meliorationsbausekretär	1800—3600	16b	IV
5	Unterbeamte	1200—1700	4a	V
	4. Pomologische Institute in Proskau und Geisenheim und Landesbaumschule in Engers.			
2	Direktoren	4800—7200	44	III
7	wissenschaftliche Lehrer (davon 1 künftig wegfallend)	2700—7200	40	III
1	Lehrer	2400—4800	24b	IV
3	Bureau- und Kassenbeamte	2100—4500	22b	IV
5	Fachlehrer	3000—5400	28b	IV
1	Garteninspektor	2100—4500	22b	IV
1	Obergärtner	1800—3600	16b	IV
3	Unterbeamte	1100—1600	3a	V
	(1 Unterbeamter in Geisenheim erhält 150 M nichtpensionsfähige Zulage.) Die Beamten haben zum Teil Dienstwohnung, einzelne mit Gartennutzung.			

		Gehalt M	BK	WG
	5. Rebenveredelungsanstalten und Versuchsweinberge in der Provinz Sachsen und in Geisenheim-Eibingen.			
2	Obergärtner	2100—4500	22b	IV
1	Rebgärtner (Dienstwohnung)	1200—1700	4a	V
	g) Tierärztliche Hochschulen und Veterinärwesen.			
	1. Tierärztliche Hochschule in Berlin.			
10	Professoren	4000—6600	36	III
1	Administrator	2100—4500	22b	IV
1	Rendant			
1	Sekretär			
1	Ökonomieinspektor			
	(außerdem erhalten der Administrator 1200 M und der Rendant 600 M pensionsfähige Zulagen).			
1	Beschlagschmied	1200—1700	4a	V
1	Gärtner			
15	Diener			
	(Der jeweilige Rektor bezieht neben seiner Besoldung als Professor eine nicht pensionsfähige Funktionszulage von 1500 M. Mit Ausschluß eines Professors und des Sekretärs haben sämtliche Professoren und Beamte Dienstwohnung.)			
	2. Tierärztliche Hochschule in Hannover.			
1	Direktor	6600	28*)	III
8	Professoren	4000—6600	36	III
3	Kassen- und Verwaltungsbeamte	2100—4500	22b	IV
12	Unterbeamte	1200—1700	4a	V
	(Der Direktor hat Dienstwohnung mit Garten, die beiden Verwaltungsbeamten und die Unterbeamten haben Dienstwohnung.)			
	3. Veterinärwesen.			
36	Departementstierärzte, davon 35 mit	4200—6300	33	III
	und 1 mit	1800	7*)	III
	(34 Departementstierärzte beziehen außerdem je 900 M nichtpensionsfähige Zulagen.)			
475	Kreistierärzte, einschl. 2 Bezirkstierärzte in den Hohenzollernschen Landen, davon 469 mit	1200—3300	4*)	IV
	(außerdem Stellenzulagen von durchschnittlich 450 M).			
	6 mit	1800	7*)	IV

		Gehalt M	BK	WG
	h) Förderung der Fischerei.			
6	Oberfischmeister .... (außerdem je 800 M nichtpensionsfähige Stellenzulagen).	3000—4500	23	IV
46	Fischmeister .... (außerdem nichtpensionsfähige Stellenzulagen bis zu 200 M).	1400—2100	8a	V
1	Diener .... (1 Oberfischmeister, 6 Fischmeister und der Diener haben Dienstwohnung)	1200—1700	4a	V
	l) Landesmeliorationen, Moor-, Deich-, Ufer- und Dünenwesen.			
14	Regierungs- und Bauräte .... (außerdem bis zu einem Drittel der etatsmäßigen Stellen je 600 M pensionsfähige Zulage).	4200—7200	43	III
45	Meliorationsbauinspektoren	3000—7200	41	III
18	Regierungsbausekretäre	2100—4500	22c	IV
99	Meliorationsbausekretäre .... }	1800—3600	16b	IV
6	Moorvögte .... }			
12	Deichvögte	1650—3300	13a	IV
3	Strommeister .... }	1400—2000	7a	V
1	Kanalaufseher .... }			
1	Dünenmeister	1650—2300	9	V
1	Dünenaufseher	1200—1700	4a	V
2	Wallmeister	1100—1500	2b	V
	k) Gestütverwaltung.			
5	Dirigenten der Hauptgestüte	6600—8700	49	III
16	„ „ Landgestüte	3600—6600	35	III
8	Gestütinspektoren und Oberroßärzte	3000—5400	28b	IV
13 {	Gestüthofaufseher	1800—3300	14	IV
	Roßärzte	1800—4500	21	IV
1	praktischer Arzt .... (außerdem 500 M nichtpensionsfähige besondere Entschädigung).	3600	16*)	III
5	Rendanten der Hauptgestüte	3000—4500	23	IV
19	Rechnungsführer und Sekretäre .... }	1800—3600	16b	IV
1	Meliorationsbausekretär .... }			
40	Stut-, Sattel- und Futtermeister .... (außerdem bis zu 200 M Stellenzulagen).	1400—2000	7b	V
14	Schullehrer .... Erster Lehrer beim Hauptgestüt Trakehnen jedoch 1600 M — mit 9 Alterszulagen im Gesamtbetrage von 1900 M. Alle Beamten außer einem haben Dienstwohnungen.	1400	2*)	IV

		Gehalt M	BK	WG
	l) Domänenverwaltung.			
2	Weinbaudirektoren	3600—7200	42	III
1	Rendant der Bade- und Mineralbrunnenverwaltung (außerdem 600 M nichtpensionsfähige Zulage).	3000—4800	26a	IV
1	Landmesser für das ostfriesische Moorwesen	2700—4800	25	IV
1	Domänenrentbeamter der Weinbauverwaltung			
38	andere Domänenrentbeamte			
2	Administratoren von fiskalischen Grundstückkomplexen	2100—4500	22b	IV
1	Badekassenrendant			
1	Garteninspektor			
4	Badeinspektoren			
2	Meliorationsbausekretäre	1800—3600	16b	IV
1	Administrator	2100—3300	15a	IV
1	Obergärtner	1650—2700	11a	IV
1	Schloßgärtner			
10	Weinbergsverwalter			
1	Kellerverwalter	1400—2500	10a	IV
8	Moorverwalter			
	(35 Beamte haben Dienstwohnung.)			
3	Brunnenmeister			
7	Bademeister			
3	Maschinisten	1400—2000	7d	V
1	Kastellan bei der Schloßverwaltung in Kassel			
23	Fischmeister	1400—2100	8a	V
1	Grabenmeister			
1	Unterverwalter			
1	Obergartengehilfe			
2	Gartengehilfen			
8	Wiesenmeister	1400—1800	6a	V
1	Weideverwalter			
1	zweiter Brunnenmeister			
4	Rehnenmeister	1100—1600	3b	V
4	Parkaufseher			
3	Domänenrentamtsdiener	1100—1600	3a	V
1	Röhrleitungsaufseher			
1	Gartenvogt			
1	Schloßgartenaufseher			
5	Wiesenaufseher und -Wärter			
8	Weideaufseher	1100—1500	2b	V
3	Kanal- und Schleusenwärter			
1	Buschwärter			
1	Spreewehrwärter			
3	Stackmeister	1100—1300	1	V
	(53 Beamte haben Dienstwohnung.)			

		Gehalt M	BK	WG
	m) Forstverwaltung.			
34	Oberforstmeister	4200—7200	43	III
97	Regierungs- und Forsträte			
	(außerdem für die Oberforstmeister je 1200 M pensionsfähige Dirigentenzulage, für die Regierungs- und Forsträte bis zu einem Drittel der Zahl der etatsmäßigen Stellen je 600 M pensionsfähige Zulage).			
845	Oberförster	3000—7200	41	III
2	verwaltende Revierförster in den Klosterforsten der Provinz Hannover	1650—2700	11c	IV
	(ferner je 450 M Revierförsterzulage).			
1	Verwalter der der Staatsaufsicht unterstellten Forsten im ehemaligen Justizamt Olpe	2900	13*)	IV
116	vollbeschäftigte Forstkassenrendanten	2100—4500	22b	IV
4543	Revierförster und Förster	1400—2500	10a	IV
	(ferner werden gezahlt an 208 Revierförster je 450 M, 1 Hegemeister 60 M sowie im übrigen bis zu 300 M nichtpensionsfähige Stellenzulagen).			
1	Dünenaufseher	1200—1700	4a	V
	(außerdem 80 M. nichtpensionsfähige Stellenzulage).			
73	vollbeschäftigte Waldwärter	1100—1300	3*)	V
10	" Torf-, Wiesen- usw. -Meister			
	(ferner bis zu 2000 M nichtpensionsfähige Stellenzulage).			
6	Torf-, Wiesen-, Wege-, Flöß- usw. -Wärter	1400—2000	7a	V
	(ferner bis zu 200 M nichtpensionsfähige Stellenzulage).			
	Die Oberförster, Revierförster, Förster und Waldwärter erhalten freie Dienstwohnung und freies Feuerungsmaterial oder Geldvergütung dafür. Der Wert des freien Feuerungsmaterials wird mit 150 M für Revierförster und Förster, mit 75 M für Waldwärter als pensionsfähiges Diensteinkommen berechnet.			

Anhang.

I. Gehaltsvorschriften für Reichsbeamte.

Erster Teil. Beamte.

A. Allgemeines.

1. Das Aufsteigen im Gehalt erfolgt für sämtliche nicht mit einem Einzelgehalt ausgestatteten etatsmäßigen Reichsbeamten, mit Ausnahme der Beamten der Reichskanzlei und der gesandtschaftlichen und Konsularbeamten, nach Dienstaltersstufen. Die Beamten der Reichskanzlei werden nach dem Ermessen des Reichskanzlers in die Gehaltsstufen eingewiesen. Bei den gesandtschaftlichen und Konsularbeamten erfolgt das Aufsteigen nach Dienstaltersstufen nur im pensionsfähigen Gehalte, während das tatsächliche Gehalt nach Maßgabe des Reichshaushalts-Etats zu bestimmen ist.

Die Aufrückungsfrist beträgt drei Jahre; die hiernach in den einzelnen dreijährigen Zeiträumen bis zur Erreichung des Höchstgehalts zu gewährenden Beträge sind in den Besoldungsordnungen I und II — Beilagen I und II zum Besoldungsgesetz — angegeben.

2. Einen Rechtsanspruch auf die vorgeschriebene Gehaltsfestsetzung und die Gewährung von Gehaltszulagen haben nur die richterlichen Beamten. Den Beamten dürfen weder bei der Anstellung noch anderweit irgendwelche Zusicherungen gemacht werden, auf die ein solcher Anspruch etwa gegründet werden könnte.

Der Anspruch der richterlichen Beamten auf Gehaltszulagen ruht, solange ein Disziplinarverfahren, oder wegen eines Verbrechens oder Vergehens ein Hauptverfahren oder eine Voruntersuchung schwebt. Führt das Verfahren zum Verluste des Amtes, so findet eine Nachzahlung des zurückbehaltenen Mehrgehalts nicht statt.

3. Eine Gehaltszulage kann versagt werden, wenn gegen das dienstliche oder außerdienstliche Verhalten des Beamten eine erhebliche Ausstellung vorliegt.

Vor der Verfügung ist dem Beamten Gelegenheit zu geben, sich über die Gründe der beabsichtigten Maßregel zu äußern. Wird die Versagung verfügt, so sind dem Beamten die Gründe hierfür unter Feststellung zu den Personalakten von Amts wegen zu eröffnen.

Gegen die Verfügung steht dem Beamten, sofern sie nicht von der obersten Reichsbehörde erlassen ist, die Beschwerde an diese zu.

Nach Behebung der Anstände ist die vorläufig versagte Zulage zu gewähren, und zwar, wenn die Bewilligungsverfügung an dem ersten Tage eines Kalendervierteljahrs ergeht, von diesem Tage, andernfalls von dem ersten Tage des folgenden Kalendervierteljahrs ab. Nur aus besonderen, aktenkundig zu machenden Gründen ist die Gewährung von einem früheren Zeitpunkt ab zulässig. Eine Nachgewährung für rückliegende Rechnungsjahre bedarf der Genehmigung der obersten Reichsbehörde.

Ob die einstweilige Vorenthaltung einer Zulage und die spätere Bewilligung einer vorläufig versagten Zulage höherer Genehmigung bedarf oder höheren Orts anzuzeigen ist, bleibt der Bestimmung der obersten Reichsbehörde vorbehalten.

Die infolge einer gerichtlichen Untersuchung oder Voruntersuchung oder eines förmlichen Disziplinarverfahrens den nichtrichterlichen Beamten vorenthaltenen Zulagen sind nachzuzahlen, wenn das Verfahren eingestellt oder der Beamte freigesprochen worden ist und die etwa zur Beurteilung übrigbleibenden Pflichtwidrigkeiten an sich keinen Anlaß geboten haben würden, die Zulagen vorzuenthalten.

4. Die einstweilige Vorenthaltung einer Zulage hat für sich allein nicht die Wirkung, daß dadurch der Zeitpunkt für das Aufsteigen in die nächstfolgende Gehaltsstufe hinausgeschoben wird.

5. Gehaltsaufbesserungen, die sich aus einer Änderung des etatsmäßigen Gehalts oder der Gehaltsstufen der Beamtenklasse ergeben, sollen nicht wegen unbefriedigenden Verhaltens des Beamten versagt werden.

B. Zahlung der Gehaltszulagen.

6. Die Gehaltszulagen sind vom ersten Tage des demjenigen Kalendervierteljahre folgenden Kalendervierteljahrs ab zu bewilligen, in dessen Laufe die Beamten nach ihrem Besoldungsdienstalter (Ziffer 9) eine höhere Dienstaltersstufe erreicht haben. Erreichen Beamte am ersten Tage eines Kalenderjahrs eine höhere Dienstaltersstufe, so ist die Gehaltszulage schon von diesem Tage ab zu bewilligen. Künftig wegfallende Dienstbezüge sind, soweit ihre Einziehung nach den Bestimmungen des Etats nicht erst bei einer Neubesetzung der Stelle zu erfolgen hat, bei der Bewilligung der Gehaltszulagen durch Anrechnung auf diese in Wegfall zu bringen.

7. Sofern die rechtzeitige Anweisung einer Gehaltszulage versehentlich unterblieben ist oder erst nachträglich Umstände bekannt geworden sind, die eine Vorrückung des Besoldungsdienstalters bedingen, kann die Nachzahlung verfügt werden, für zurückliegende Rechnungsjahre jedoch nur mit Genehmigung der obersten Reichsbehörde.

8. Die vor dem Ableben eines Beamten oder vor seinem Eintritt in den Ruhestand nach dem Besoldungsdienstalter zur Zahlung (vgl. Ziffer 6) fällig gewordenen Zulagen sind, wenn ihre rechtzeitige Anweisung unterblieben ist, nachträglich zu bewilligen. In solchen Fällen ist daher der Gehaltsunterschied nachzuzahlen und der erhöhte Gehaltssatz bei der Festsetzung der Pension sowie des Witwen- und Waisengeldes und bei der Anweisung der Gnadenbezüge zugrunde zu legen. Soweit es sich um eine Zahlung für zurückliegende Rechnungsjahre handelt, bedarf es der Genehmigung der obersten Reichsbehörde. Ausgeschlossen ist eine solche nachträgliche Berücksichtigung fällig gewordener Zulagen, wenn in dem Verhalten des Beamten ein nachgewiesener Anlaß gegeben war, ihm am Fälligkeitstage die Zulage vorzuenthalten. Tritt ein Beamter mit dem Ende des Vierteljahrs, nach dessen Ablauf ihm eine Gehaltszulage hätte gewährt werden können, in den Ruhestand, so unterbleibt deren Bewilligung, und es wird die Pension nach dem bisherigen Gehalte berechnet.

C. Grundsätze für die Festsetzung des Besoldungsdienstalters.

a. Begriff des Besoldungsdienstalters.

9. Das Besoldungsdienstalter beginnt mit dem Tage der Anstellung in der jeweiligen etatsmäßigen Stelle (Ziffer 12), soweit in diesen Vorschriften nichts Abweichendes bestimmt oder zugelassen ist. Von diesem Zeitpunkt ab sind die Zeitabschnitte für das Ver-

bleiben in der untersten Gehaltsstufe und für das Aufsteigen in die höheren Gehaltsstufen zu rechnen.

Das Besoldungsdienstalter der technischen und Elementarlehrer wird von der Vollendung einer vierjährigen Dienstzeit im öffentlichen Schuldienst ab gerechnet.

Der Beamte ist über die Festsetzung des Besoldungsdienstalters schriftlich zu benachrichtigen.

10. Das Besoldungsdienstalter ist in jedem Falle genau auf den Kalendertag, nicht auf den nächstfolgenden Vierteljahrsersten festzusetzen. Dienstzeiten, welche nicht volle Jahre, vom Tage des Dienstantritts an gerechnet, umfassen, sind nach Tagen und zwar einschließlich der 31 Monatstage zu berechnen. Mehrere getrennte Dienstzeiten sind rechnungsmäßig besonders zu behandeln. Bei der Zusammenrechnung werden je 365 Tage als ein Jahr angesetzt, und zwar auch dann, wenn bei den einzelnen Dienstzeiten Schalttage zur Anrechnung gekommen sind.

11. Das Besoldungsdienstalter kommt nur für die Regelung der Gehaltsbezüge in Betracht und hat auf die sonstigen Verhältnisse des Beamten, insbesondere auf die Berechnung der Dienstzeit bei Pensionierungen, die Reihenfolge der Beförderungen, die Vorschläge für die Verleihung von Titeln, die Rangverhältnisse usw., keinen Einfluß.

b. Beginn des etatsmäßigen Anstellungsverhältnisses.

12. Als Zeitpunkt der etatsmäßigen Anstellung gilt derjenige Tag, von dem ab der Beamte bei Verleihung der etatsmäßigen Stelle — sei es unwiderruflich, sei es auf Widerruf oder Kündigung — das damit verbundene Diensteinkommen erhält. Die probeweise*) oder widerrufliche Übertragung der Verwaltung einer etatsmäßigen Stelle bleibt auch dann außer Betracht, wenn der Beamte während dieser Zeit das volle Stelleneinkommen bezogen hat. Jedoch gilt für den mit Vorbehalt einer Probezeit angestellten Beamten der erste Tag des Monats seiner Bestätigung in der Stelle als Tag der Anstellung.

13. Hat die Verleihung einer etatsmäßigen Stelle an einen Beamten sich infolge eines verwaltungsseitigen Versehens verzögert, so ist zur Beseitigung eines Nachteils bei der Festsetzung des Besoldungsdienstalters die Genehmigung der obersten Reichsbehörde nachzusuchen, wenn eine des Ausgleichs bedürfende Härte oder Unbilligkeit vorliegt. Die Vorrückung des Besoldungsdienstalters kann nur unter Zustimmung der Reichsfinanzverwaltung erfolgen.

c. Anrechnung von Militärdienstzeit.

14. Den Militäranwärtern**), die neun Jahre und darüber im Heere oder in der Marine gedient haben, wird bei der ersten etatsmäßigen Anstellung die Militär- und Marinedienstzeit

---

*) Unter den Begriff der probeweisen Übertragung der Verwaltung einer Stelle und der Probezeit fällt sowohl die Anstellung auf Probe als auch die Probedienstleistung — §§ 19¹ und 21 der Anstellungsgrundsätze vom 20. Juni 1907 —.

**) Als Militäranwärter sind nicht anzusehen diejenigen Personen, welche nach § 10 der Anstellungsgrundsätze vom 20. Juni 1907 und den hierzu ergangenen besonderen Bestimmungen zu den den Militäranwärtern vorbehaltenen Stellen zugelassen werden können oder zuzulassen sind. Bei den im Zivildienste zur etatsmäßigen Anstellung kommenden verabschiedeten Offizieren und Deckoffizieren, denen beim Ausscheiden aus dem aktiven Dienste die Aussicht auf Anstellung im Zivildienste verliehen worden ist, findet daher eine Anrechnung von Militärdienstzeit auf das Besoldungsdienstalter grundsätzlich

a) soweit diese und die nachfolgende Zivildienstzeit zwölf Jahre übersteigt, bis zu drei Jahren, mindestens jedoch mit einem Jahre,

b) soweit die Militär- und Marinedienstzeit und die nachfolgende Zivildienstzeit zwölf Jahre nicht übersteigt, mit einem Jahre

auf das Besoldungsdienstalter angerechnet.

Als Zivildienst ist anzusehen die Zeit einer nach dem Ausscheiden aus dem Heere oder der Marine erfolgten informatorischen Beschäftigung, die Zeit des nach dem Ausscheiden aus dem Heere oder der Marine abgeleisteten Probedienstes (§ 19 der Anstellungsgrundsätze vom 20. Juni 1907) sowie eine diätarische Dienstzeit, in allen diesen Fällen jedoch nur dann, wenn die Dienstzeiten in demjenigen Verwaltungszweig, in dem die etatsmäßige Anstellung erfolgt, behufs ihrer Erlangung zurückgelegt sind. Mit Genehmigung der obersten Reichsbehörde können indessen auch informatorische Beschäftigung, Probedienstzeit und diätarische Dienstzeit in einem anderen Dienstzweige derselben Verwaltung oder in einer anderen Verwaltung berücksichtigt werden.

Außer Betracht bleibt die Zeit, während welcher die etatsmäßige Anstellung wegen unzureichender Befähigung des Militäranwärters oder aus anderen in seiner Person beruhenden Ursachen ausgesetzt worden ist.

15. Den Militäranwärtern, die weniger als neun Jahre im Heere und in der Marine gedient haben, wird die tatsächlich abgeleistete Dienstzeit bei der ersten etatsmäßigen Anstellung als mittlere Beamte oder Kanzleibeamte bis zur Dauer eines Jahres auf das Besoldungsdienstalter angerechnet.

16. Die vor dem vollendeten 17. Lebensjahre liegende Militär- und Marinedienstzeit bleibt außer Betracht.

17. Dem Militärdienste steht gleich der Dienst bei den Kaiserlichen Schutztruppen, ferner bei den Polizeitruppen sowie als Grenz- und Zollaufsichtsbeamter in den Schutzgebieten.

18. Es macht keinen Unterschied, ob die Anstellung des Militäranwärters in einer dieser Klasse vorbehaltenen oder in einer anderen Stelle erfolgt. Dagegen findet eine Anrechnung von Militärdienstzeit nicht statt

A. bei Inhabern des Zivilversorgungsscheins, die

a) schon vor dem Eintritt in das Heer oder die Marine als Zivilanwärter bei einer Behörde beschäftigt waren, nach dem Ausscheiden aus dem Heere oder der Marine wieder in ihr früheres Dienstverhältnis zurückgetreten sind und demnächst gemäß der auf diesem Wege — vor oder nach der Erlangung des Zivilversorgungs-

---

nicht statt (vgl. aber Ziffer 42), ebensowenig bei den Forstversorgungsberechtigten und den Inhabern der Anstellungsbescheinigung. Ferner gelten nicht als Militäranwärter die Inhaber des Anstellungsscheins (§ 17 des Mannschafts-Versorgungsgesetzes vom 31. Mai 1906). Dagegen sind die früheren Angehörigen des Zeug-, Feuerwerks-, Torpeder- und Festungsbaupersonals, die Schirrmeister, die ehemaligen Registratoren bei den Generalkommandos, den Marine-Stationskommandos, der Inspektion des Bildungswesens der Marine und beim Flottenstabe sowie die im Range der Unteroffiziere stehenden Verwalter des Kadettenkorps, sofern sie den Zivilversorgungsschein besitzen, auch dann als Militäranwärter anzusehen, wenn sie eine gemäß § 91 des Militärpensionsgesetzes vom 27. Juni 1871 (Reichs-Gesetzbl. S. 275) beziehungsweise Artikel 16 des Abänderungsgesetzes vom 22. Mai 1893 (Reichs-Gesetzbl. S. 171) nach den Bestimmungen des Reichsbeamtengesetzes berechnete Pension beziehen. Den Registratoren bei den Generalkommandos gleichzurechnen sind die Registratoren bei den Generalinspektionen der Kavallerie, der Fußartillerie sowie des Ingenieur- und Pionierkorps und der Festungen, bei den Inspektionen der Feldartillerie und der Verkehrstruppen, bei dem Gouvernement Berlin sowie bei den Kommandanturen Berlin, Potsdam und Dresden.

scheins — erwobenen Anwartschaft als Zivilanwärter etatsmäßig angestellt werden, oder

b) erst nach dem Ausscheiden aus dem Heere oder der Marine, aber bevor sie den Zivilversorgungsschein besaßen, als Zivilanwärter angenommen worden sind und demnächst gemäß der auf diesem Wege — vor oder nach der Erlangung des Zivilversorgungsscheins — erworbenen Anwartschaft als Zivilanwärter etatsmäßig angestellt werden, oder

c) erst nach dem Ausscheiden aus dem Heere oder der Marine und nach der Erlangung des Zivilversorgungsscheins für eine Laufbahn, deren Stellen zum Teil den Militäranwärtern vorbehalten sind, nicht nach den Anstellungsgrundsätzen für Militäranwärter, sondern auf ihren Wunsch unter den für Zivilanwärter vorgeschriebenen Bedingungen angenommen worden sind und demnächst auch als Zivilanwärter etatsmäßig angestellt werden;

B. bei solchen ehemaligen Militäranwärtern, die als etatsmäßige Beamte bereits pensioniert waren und von neuem etatsmäßig angestellt werden.

Vgl. jedoch zu 20.

19. Die Anrechnung der aktiven Militärdienstzeit auf das Besoldungsdienstalter nach Maßgabe der vorstehenden Grundsätze findet auch statt, wenn eine etatsmäßige Stelle ohne Pension aufgegeben ist und demnächst eine anderweite etatsmäßige Anstellung auf Grund des Zivilversorgungsscheins erfolgt, ohne daß das Besoldungsdienstalter nach Maßgabe des früher bezogenen Gehalts bestimmt wird.

20. Werden aktive oder pensionierte Unterbeamte aus der Klasse der ehemaligen Militäranwärter als mittlere Beamte oder Kanzleibeamte angestellt, so findet eine Anrechnung der Militär- und Marinedienstzeit nach Maßgabe der vorstehenden Bestimmungen insoweit statt, als nicht schon die bei der Anstellung als Unterbeamte stattgehabte Anrechnung von Militär- und Marinedienstzeit zu einer gleichen Verbesserung des Diensteinkommens in der neuen Klasse führt.

d. Anrechnung diätarischer Dienstzeit.

21. Bei der Festsetzung des Besoldungsdienstalters für die höheren Beamten ist von der im außeretatsmäßigen Reichsbeamtenverhältnisse bei dem gleichen Dienstzweige zwischen der Erlangung der Befähigung zur Bekleidung des Amtes und der ersten etatsmäßigen Anstellung verbrachten Zeit, sofern das Anfangsgehalt der Stelle 3000 M. nicht übersteigt, der über vier Jahre, sofern es 3600 M. nicht übersteigt, der über sieben Jahre und im übrigen der über zehn Jahre hinausgehende Teil bis zur Höchstdauer von zwei Jahren auf das Besoldungsdienstalter anzurechnen.

Bei den mittleren Beamten, die in einem Amte mit einem Anfangsgehalt über 2100 M. Anstellung finden, kommt die zwischen dem Beginne des Diätariats in dem gleichen Dienstzweig und der ersten etatsmäßigen Anstellung liegende Zeit, insoweit sie acht Jahre übersteigt, bei den übrigen mittleren Beamten mit Ausnahme der Post- und Telegraphengehilfinnen, bei den Kanzleibeamten sowie bei den Unterbeamten, insoweit sie fünf Jahre, bei den Post- und Telegraphengehilfinnen, insoweit sie neun Jahre übersteigt, unbeschränkt in Anrechnung.

Dies gilt auch für diejenige Dienstzeit, welche pensionierte oder freiwillig — sei es aus dem Reichsdienst überhaupt, sei es nur aus einer Etatsstelle — ausgeschiedene Beamte nach dem Wiedereintritt in den Reichsdienst oder nach dem Übertritt in einen anderen Dienstzweig im diätarischen Verhältnisse daselbst zurückgelegt haben.

Bei den Landbriefträgern muß jedoch das Dienstalter so festgesetzt werden, daß das Höchstgehalt nicht früher als zehn Jahre nach der ersten etatsmäßigen Anstellung, dem Wiedereintritt oder dem Übertritt erreicht wird.

22. Eine Anrechnung diätarischer Beschäftigung kommt nur insoweit in Frage, als die etatsmäßige Anstellung durch den Mangel an offenen Stellen oder durch sonstige, von dem Zutun des Beamten unabhängige Gründe verzögert worden ist. Demnach sind auch Verzögerungen der etatsmäßigen Anstellung infolge des Vorrechts der vormaligen Unteroffiziere mit mindestens achtjähriger Militärdienstzeit gegenüber den nicht vorzugsberechtigten Militäranwärtern und Inhabern des Anstellungsscheins und den nicht anstellungsberechtigten Anwärtern (§ 22 Abs. 1 bis 3 der Anstellungsgrundsätze für Militäranwärter) zu berücksichtigen. Eine Anrechnung ist dagegen ausgeschlossen für die Zeit, um welche sich die etatsmäßige Anstellung infolge unzureichender Befähigung oder aus anderen allein in der Person des Beamten beruhenden Ursachen verzögert hat.

23. Diätarische Beschäftigung in einem anderen Dienstzweige derselben Verwaltung darf nur mit Genehmigung der obersten Reichsbehörde, diätarische Beschäftigung in Dienstzweigen anderer Verwaltungen nur mit Genehmigung der obersten Reichsbehörde unter Beteiligung der Reichsfinanzverwaltung angerechnet werden. Ihre Anrechnung ist ausgeschlossen, wenn der Übertritt in die neue Anwärterklasse für den Beamten mit Vorteilen im Gehaltsbezuge bei der etatsmäßigen Anstellung verbunden ist. Als Vorteil im Gehaltsbezug ist es auch anzusehen, wenn der Anwärter bei der ersten etatsmäßigen Anstellung zwar kein höheres Gehalt erhält, als er in dem Dienstzweige, dem er früher angehörte, erhalten haben würde, wohl aber die Aussicht erlangt, in kürzerer Zeit im Gehalt aufzusteigen oder ein höheres Höchstgehalt zu erreichen.

24. Bei Militäranwärtern erfolgt die Anrechnung der diätarischen Dienstzeit neben der Anrechnung von Militärdienstzeit.

Zivilanwärtern wird bei Berechnung der zu berücksichtigenden diätarischen Dienstzeit auch diejenige Dienstzeit bis zur Dauer eines Jahres angerechnet, um welche das Diätariendienstalter durch Anrechnung von Militärdienstzeit nach Ziffer 1 und 2 der Bestimmungen, betreffend die Anrechnung der Militärdienstzeit auf das Dienstalter der Zivilbeamten, vom 14. Dezember 1891*) vorgerückt worden ist. In gleicher Weise wird, wenn und insoweit der Zivilanwärter der Militärpflicht erst nach Beginn der diätarischen Dienstzeit genügt hat, die Zeit des gesetzlichen Militärdienstes in die diätarische Dienstzeit eingerechnet. Zu berücksichtigen bleibt hier ferner die Vorschrift, daß den Unterbeamten der Post- und Telegraphenverwaltung, welche während der Vorbereitungs- und Probezeit zur Erfüllung der Militärpflicht beurlaubt werden, der noch nicht abgeleistete Teil der Vor-

---

*) Ziffer 1 und 2 des Allerhöchsten Erlasses vom 14. Dezember 1891 lautet:

1. Den höheren Beamten, bei denen die Fähigkeit zur Bekleidung ihres Amtes von dem Bestehen einer Prüfung abhängig ist, wird bei Bestimmung des Dienstalters, sofern dieselbe gemäß dem Zeitpunkte des Bestehens der Prüfung zu erfolgen hat, die Zeit, welche sie während ihrer Studienzeit oder ihres Vorbereitungsdienstes in Erfüllung der aktiven Dienstpflicht im stehenden Heere oder in der Flotte gedient haben, insoweit in Anrechnung gebracht, als infolge der Erfüllung der aktiven Dienstpflicht die Ablegung der bezeichneten Prüfung später stattgefunden hat.
2. Den Subalternbeamten wird bei Feststellung des Dienstalters, welches für ihre Berufung zur ersten etatsmäßigen Anstellung in Betracht kommt, die Zeit, welche sie während ihrer Ausbildungs- oder Vorbereitungszeit in Erfüllung der aktiven Dienstpflicht im stehenden Heere oder in der Marine gedient haben, bis zum Höchstbetrage eines Jahres insoweit in Anrechnung gebracht, als sie infolge der Erfüllung der Dienstpflicht die Befähigung zur Bekleidung des betreffenden Amtes später erlangt haben.

bereitungs- und Probezeit unter Gegenrechnung eines entsprechenden Teiles der Militärdienstzeit erlassen wird, während der Rest der Militärdienstzeit wie die in das Diätariat fallende Militärdienstzeit zu behandeln ist.

25. a) Als Zeitpunkt für den Beginn der diätarischen Beschäftigung (Diätariendienstalter im Sinne dieser Gehaltsvorschriften) gilt bei den Bureaubeamten, welche ihre Laufbahn als Zivilsupernumerare oder im ähnlichen Verhältnisse begonnen und bestimmungsgemäß einen Vorbereitungsdienst zu vollenden haben, der Ablauf von drei Jahren und in der Post- und Telegraphenverwaltung bei den als Post- oder Telegraphengehilfen angenommenen Beamten der Ablauf von vier Jahren seit Antritt des Vorbereitungsdienstes. Soweit jedoch der Vorbereitungsdienst aus einer in der Person des Beamten beruhenden Ursache über die Dauer von drei Jahren oder bei den Post- und Telegraphengehilfen von vier Jahren hinaus verlängert ist, wird der Beginn des Diätariendienstalters entsprechend hinausgeschoben *). Den Bureaubeamten stehen bei der Reichseisenbahnverwaltung die Beamten des Bahnhofs- und Abfertigungsdienstes gleich.

Den nicht zivilversorgungsberechtigten Militär-Intendantursekretariats-Diätaren und Marine-Intendantursekretariats-Assistenten ist das Diätariat vom Tage des Bestehens der Sekretariatsprüfung ab zu rechnen.

b) Bei den nicht unter a fallenden Zivilanwärtern für mittlere Beamtenstellen ist der Tag der definitiven Annahme als Diätar, bei den nicht anstellungsberechtigten Anwärtern für nichttechnische Beamtenstellen der Reichseisenbahnverwaltung jedoch der Tag maßgebend, auf welchen das Anwärterdienstalter dieser Beamten für die erste etatsmäßige Anstellung festgesetzt ist.

c) Bei den Zivilanwärtern des Unterbeamtendienstes wird von derjenigen Dienstzeit, welche der ersten etatsmäßigen Anstellung vorangegangen ist, allgemein vorweg ein Zeitraum von einem Jahre als Vorbereitungs- und Probezeit in Abzug gebracht, sofern nicht, wie bei dem Unterpersonale der Reichseisenbahnverwaltung, vor Übernahme in den Beamtendienst die hierfür vorgeschriebene Probezeit bereits erfüllt ist. Wegen Anrechnung von Militärdienstzeit auf Vorbereitungs- und Probezeit siehe Ziffer 24 a. E. Erst nach Beendigung der Vorbereitungs- und Probezeit beginnt das Diätariat. Die vor den Beginn des 21. Lebensjahrs fallende Dienstzeit wird in ihrem ganzen Umfang, also auch soweit sie mehr als ein Jahr beträgt, lediglich als Vorbereitungs- und Probezeit, nicht als diätarische Dienstzeit angesehen. Ein Zivilanwärter des Unterbeamtendienstes kann sonach frühestens mit Beginn des 21. Lebensjahrs Diätar werden oder geworden sein.

d) Bei den aus der Klasse der Militäranwärter hervorgegangenen Beamten, und zwar sowohl des mittleren wie des Kanzlei- und Unterbeamtendienstes, gilt als Zeitpunkt für den Beginn der diätarischen Beschäftigung der Tag der endgültigen Übernahme in den Zivildienst und, soweit Beamte des mittleren Dienstes sowie des Kanzlei- und Lademeisterdienstes der Betriebsverwaltung der Eisenbahnen in Frage kommen, der Ablauf von 6 Monaten seit dem Antritt ihrer Beschäftigung in diesem Dienstzweige.

e) Das nach den Vorschriften zu a bis d ermittelte Diätariendienstalter ist, sofern die für die Erlangung der Befähigung zur etatsmäßigen Anstellung vorgeschriebene Prüfung aus einer in der Person des Beamten beruhenden Ursache nicht zu dem frühesten zulässigen Zeitpunkte mit Erfolg abgelegt worden ist, um den Zeitraum der Verzögerung zu kürzen. Diese Bestimmung findet indes keine Anwendung auf diejenigen Beamten-

*) Sofern nach den für einzelne Verwaltungen getroffenen Bestimmungen Verlängerungen des Vorbereitungsdienstes aus Anlaß militärischer Übungen ohne Einfluß auf das Diätariendienstalter bleiben sollen, behält es hierbei sein Bewenden.

klassen, deren Vorbereitungsdienst erst durch die Ablegung der erforderlichen Prüfung abgeschlossen wird.

26. Die Beschäftigung eines Postillons in Privatposthaltereien wird wie Diätariendienstzeit behandelt.

27. Bei der ersten etatsmäßigen Anstellung von Forstversorgungsberechtigten als Hilfsförster oder als Förster wird bei Berechnung des Diätariats diejenige diätarische Dienstzeit berücksichtigt, welche sie nach Erlangung des Forstversorgungsscheins im Staatsforstdienst oder im berufsmäßigen Gemeinde-, Anstalts- oder Privatforstdienste zugebracht haben.

28. Wenn ein Beamter den Dienst bei einer Behörde beabsichtigtermaßen mit dem Beginn eines Kalendermonats antreten sollte, ihn aber, weil der erste oder auch noch der zweite Tag des Monats ein Sonn- oder Festtag war, erst am darauffolgenden Werktag antreten konnte, so ist der Beginn der diätarischen Beschäftigung so festzusetzen, als ob der Dienstantritt am ersten Tage des Kalendermonats erfolgt wäre.

29. Eine etwaige Probedienstleistung oder eine Beschäftigung gegen Lohn oder Schreibgebühren gilt nicht als diätarische Beschäftigung. Dagegen ist die Zeit einer zunächst probeweise oder unter Vorbehalt des Widerrufs erfolgten Verwaltung einer etatsmäßigen Stelle durch einen Diätar als diätarische Dienstzeit anzusehen.

D. Gehaltsbemessung beim Übertritte von Beamten aus einer Besoldungsklasse in eine andere infolge Beförderung oder Versetzung aus dienstlichen Rücksichten.

a. Vorrückung des Besoldungsdienstalters zur Abwendung einer Gehaltseinbuße.

30. Beim Übertritte der Beamten aus einer etatsmäßigen Klasse in eine andere infolge Beförderung oder infolge Versetzung aus dienstlichen Rücksichten — wozu auch Versetzungen aus Anlaß von Verwaltungsänderungen, dagegen nicht die wegen unbefriedigenden Verhaltens erfolgten Versetzungen zu rechnen sind — ist das Besoldungsdienstalter für die neue Klasse — sofern nicht deren Anfangsgehalt höher ist als der Gehaltssatz, welchen der Beamte in der alten Klasse zur Zeit des Übertritts bezieht oder beim nächsten normalmäßigen Aufsteigen erreicht haben würde — wie folgt festzusetzen: Der Beamte tritt sogleich in die seinem Normalgehalte (vgl. Ziffer 38) in der früheren Klasse entsprechende Gehaltsstufe der neuen Klasse, oder wenn ein diesem Gehalt entsprechender Gehaltssatz in der neuen Klasse nicht besteht, in die nächsthöhere Stufe ein. Er verbleibt in ihr die volle für das weitere Aufsteigen im Gehalte vorgeschriebene Zeit. Wäre er jedoch in der früheren Klasse bereits vor Ablauf dieser Zeit in die nächsthöhere Gehaltsstufe aufgestiegen und damit in den Bezug eines Gehalts gelangt, welches über das ihm in der neuen Klasse gewährte hinausgeht, so steigt er in letzterer bereits zu derjenigen Zeit in die nächsthöhere Gehaltsstufe auf, zu welcher er in der früheren Klasse aufgestiegen sein würde. Eine weitere Berücksichtigung der beim Verbleiben in der bisherigen Klasse erreichbar gewesenen Bezüge findet nicht statt.

31. Bezog der Beamte in der früheren Klasse nach seinem Besoldungsdienstalter bereits das Höchstgehalt, so hat er in der Stufe, in welche er nach Ziffer 30 eintritt, stets die volle für das weitere Aufsteigen im Gehalte vorgeschriebene Zeit zuzubringen.

32. Post- und Telegraphendirektoren und Vizedirektoren erhalten beim Übertritt in die höhere Besoldungsklasse ihr bisheriges Besoldungsdienstalter.

33. Bei dem Übertritte der etatsmäßigen Landbriefträger in die Schaffnerklasse wird, falls dies für den Beamten günstiger ist, in Abweichung von den Vorschriften zu 30 und 31, die gesamte vorher verbrachte etatsmäßige Dienstzeit wie Diätariat angesehen und das Besoldungsdienstalter so festgesetzt, als wenn der Beamte zur ersten etatsmäßigen Anstellung gelangte.

34. Eine Ausnahme von den Grundsätzen zu 30 und 31 besteht ferner bei einigen aufsteigenden Gruppen der Heeres- und Marineverwaltung. Danach ist, sofern es für die Beamten günstiger ist, anzurechnen:

a) den Proviantmeistern der Heeresverwaltung
 die über zwölf Jahre als oberer Proviantamtsbeamter,
 den Proviantamtsdirektoren der Heeresverwaltung
 die über einundzwanzig Jahre als oberer Proviantamtsbeamter,
b) den Garnisonverwaltungsoberinspektoren der Heeres- und Marineverwaltung
 die über zwölf Jahre als oberer Garnisonverwaltungsbeamter,
 den Garnisonverwaltungsdirektoren der Heeres- und Marineverwaltung
 die über einundzwanzig Jahre als oberer Garnisonverwaltungsbeamter,
c) den Lazarettoberinspektoren der Heeres- und Marineverwaltung
 die über zwölf Jahre als oberer Lazarettverwaltungsbeamter,
d) den Buchhaltern der General-Militärkasse
 die über zwölf Jahre als Geheimer Sekretär,
 den Kassieren der General-Militärkasse
 die über neun Jahre als Buchhalter,
e) den Expedienten und Registratoren des Generalstabs und des Landesvermessungswesens
 die über neun Jahre als Kanzleisekretär,
f) den Bekleidungsamts-Rendanten der Heeresverwaltung
 die über achtzehn Jahre als oberer Bekleidungsamtsbeamter,
g) den Rendanten und dem Kassenkontrolleur im Kadettenkorps, den Rendanten bei der Kriegsakademie, der militärtechnischen Akademie, der Militär-Veterinär-Akademie, den Unteroffiziervorschulen und der Militär-Knaben-Erziehungsanstalt
 die über zwölf Jahre als Inspektor bei der Militär-Veterinär-Akademie oder bei der Militär-Knaben-Erziehungsanstalt

verbrachte Vordienstzeit. Das Besoldungsdienstalter ist hiernach auf denjenigen Tag festzusetzen, an welchem die Beamten die vorstehend angegebene Vordienstzeit zurückgelegt hatten.

35. Bezog der Beamte in der früheren Klasse ein höheres als das Normalgehalt, und ist aus diesem Grunde das sich nach Ziffer 30 ergebende Gehalt der neuen Stelle niedriger als sein bisheriges Gehalt, so ist ihm letzteres so lange zu belassen, bis er in eine gleich hohe oder höhere Gehaltsstufe aufsteigt.

36. Hat zu einer im Interesse des Dienstes erfolgenden Versetzung eines Beamten dessen unbefriedigendes Verhalten Anlaß gegeben und kommt bei der Gehaltsbemessung in der neuen Klasse die Anrechnung früherer Dienstzeit in Frage, so ist die Entscheidung der obersten Reichsbehörde einzuholen.

37. Bei Berechnung des Gehalts der neuen Klasse finden die Vorschriften zu 40 Abs. 1 Anwendung.

38. Ein höheres Gehalt als das Höchstgehalt der neuen Klasse darf in keinem Falle bewilligt werden.

b. Begriff des Normalgehalts.

39. Unter dem Normalgehalte der früheren Klasse ist dasjenige Gehalt zu verstehen, welches dem Besoldungsdienstalter des Beamten an demjenigen Tage entspricht, zu welchem die Beförderung oder Versetzung erfolgt. Ist die Beförderung oder Versetzung eines Beamten im Laufe eines Kalendervierteljahrs und zu einer Zeit erfolgt, zu welcher er die für das weitere Aufsteigen im Gehalte vorgeschriebene Dienstzeit schon zurückgelegt hatte, so gilt als Normalgehalt derjenige Gehaltssatz, welcher vom ersten Tage des nächsten Kalendervierteljahrs ab für ihn zahlbar zu machen gewesen wäre.

40. Der Wohnungsgeldzuschuß sowie Funktions- und andere Zulagen und etwaige Nebenbezüge sind, auch wenn sie pensionsfähig sind, außer Berechnung zu lassen.

Dem anrechnungsfähigen Gehalte hinzuzurechnen sind jedoch bei einer Versetzung aus einer Stelle mit Zulage in eine solche ohne Zulage:

a) die pensionsfähigen Besoldungszuschüsse der Abteilungschefs in den Kriegsministerien und dem Reichs-Marine-Amte sowie die pensionsfähigen Zulagen für Ober-Intendanturräte, für Betriebsdirektoren für Schiffbau, Maschinenbau und Hafenbau, für Oberposträte und für Oberräte bei der Betriebsverwaltung der Eisenbahnen,
b) die in der Besoldungsordnung aufgeführten pensionsfähigen Zulagen von 600 ℳ für Beamte der Besoldungsklassen 59, 60, 62 und 63,
c) die Zulagen, welche Beamten des Lokomotiv- und Zugbegleitungsdienstes, die für diesen Dienst untauglich werden, aber in etatsmäßigen Stellen eines anderen Dienstzweigs noch mit Nutzen zu verwenden sind, im Falle der Überführung in solche Stellen als Ersatz der früheren Nebenbezüge bis zur Höhe des pensionsfähigen Teiles der letzteren so lange gewährt werden, als es zur Abwendung einer andernfalls eintretenden Einbuße gegenüber ihrem letzten pensionsfähigen Diensteinkommen erforderlich ist.

c. Sondervorschriften.

41. Den als Anwärter für den Intendantur-Registraturdienst vorgemerkten Registratoren bei den Generalkommandos und den diesen gleichzurechnenden Registratoren der am Schlusse der Fußnote zu Ziffer 14 bezeichneten höheren Kommandobehörden, ferner bei den Marine-Stationskommandos sowie bei der Inspektion des Bildungswesens der Marine und beim Flottenstabe, welche im Interesse des Dienstes in diesen Stellungen zurückgehalten sind und demgemäß erst später als jüngere Anwärter in den Intendanturdienst eintreten, ist bei der Anstellung als Intendantur-Registrator folgendes Gehalt zu gewähren:

a) von 2500 ℳ, wenn sie eine Dienstzulage von 1500 oder 1725 ℳ bezogen haben, dagegen
b) von 2900 ℳ, wenn ihre Zulage bereits 1950 ℳ betragen hat, und endlich
c) von 3300 ℳ, wenn sie sich schon im Genusse einer Zulage von 2175 ℳ oder des Höchstsatzes der Zulage von 2400 ℳ befunden haben.

Befand sich ein solcher Intendantur-Registrator in seiner Vordienststellung als Generalkommando- usw. Registrator noch im Genusse der pensionsfähigen Dienstzulage von 1950 ℳ, so darf ihm von dem Tage ab, an dem er die Zulage von 2175 ℳ erlangt haben würde, das Gehalt von 3300 ℳ gewährt werden.

Für die Feststellung des entsprechenden Besoldungsdienstalters ist in allen Fällen Voraussetzung, daß die älteren Anwärter auf die Intendanturregistratorstellung, welche vor den betreffenden Generalkommando- und Stationskommando- usw. Registratoren die Prüfung abgelegt haben und zur Anstellung gelangt sind, nach Maßgabe ihrer Anstellung ein solches Dienstalter erreicht haben. Sofern die obigen Gehaltssätze von 2500, 2900 und 3300 ℳ den gemäß dem Anwärterdienstalter zu ermittelnden normalmäßigen Gehaltssatz übersteigen, verbleiben die Beteiligten auf der Stufe von 2500, 2900 und 3300 ℳ, bis sie normalmäßig in die höhere Gehaltsstufe aufrücken können.

42. Den bei den Proviantämtern, den Garnisonverwaltungen und den Garnisonlazaretten als Inspektoren zur Anstellung gelangenden Anwärtern aus dem Offizierstande wird das Besoldungsdienstalter um 6 Jahre vorgerückt. Hiervon ausgeschlossen sind die Anwärter des Offizierstandes, denen Allerhöchsten Orts die Aussicht auf Anstellung im Zivildienste nur für eine bestimmte Stelle oder einen bestimmten Dienstzweig verliehen worden ist, ferner Zeug-, Feuerwerks-, Festungsbau- und Torpedeoffiziere, Marine-Ingenieure und Torpedo-Ingenieure, Deckoffiziere.

43. Den als Intendantursekretär des Heeres zur Anstellung gelangenden nicht zivilversorgungsberechtigten Anwärtern wird das Besoldungsdienstalter um diejenige Militärdienstzeit bis zur Dauer eines Jahres vorgerückt, welche sie über die gesetzliche hinaus bestimmungsgemäß behufs Ermöglichung ihrer Anstellung haben zurücklegen müssen.

E. Gehaltsbemessung bei Versetzungen, welche lediglich auf Antrag des Beamten erfolgen.

44. Etatsmäßige Beamte sollen in andere Beamtenklassen grundsätzlich nur übergeführt werden, wenn ein dienstliches Bedürfnis dazu vorliegt. Versetzungen lediglich zu dem Zwecke, dem Beamten Vorteile im Gehaltsbezuge zu gewähren, sind nicht zulässig. Die Anerkennung eines dienstlichen Bedürfnisses wird nicht dadurch ausgeschlossen, daß ein Beamter seine Überführung in einen anderen Dienstzweig selbst beantragt hat.

45. Sollte in einem Einzelfall eine Überführung lediglich auf Antrag des Beamten — ohne daß gleichzeitig dienstliche Rücksichten vorliegen — in Erwägung genommen werden, so ist eine Anrechnung früherer Dienstzeit bei der Bemessung des Gehalts der neuen Stelle nur mit Genehmigung der obersten Reichsbehörde unter Beteiligung der Reichsfinanzverwaltung gestattet, die vor der Entscheidung über den Versetzungsantrag einzuholen ist.

46. Wird die Vorrückung des Besoldungsdienstalters von der zuständigen obersten Reichsbehörde nicht genehmigt, so darf die Versetzung nur verfügt werden, nachdem der Beamte auf den durch die bisherige Anstellung begründeten Gehaltssatz ausdrücklich verzichtet hat.

F. Gehaltsbemessung bei Wiederanstellung einstweilig in den Ruhestand versetzter und pensionierter Beamten.

a. Einstweilig in den Ruhestand versetzte Beamte.

47. Die Bestimmungen über die Festsetzung des Besoldungsdienstalters beim Übertritte von Beamten in andere Klassen (Abschnitt D) finden sinngemäße Anwendung, wenn einem einstweilig in den Ruhestand versetzten Beamten eine etatsmäßige Stelle wieder übertragen wird. Dabei ist von der Zeit des einstweiligen Ruhestandes die Zeit einer etwaigen Beschäftigung im Reichsdienst als Dienstzeit in der früheren Stellung anzurechnen. Die übrige Zeit seit der Versetzung in den einstweiligen Ruhestand bleibt außer Betracht.

b. Pensionierte Beamte.

48. Die Bestimmungen über die Festsetzung des Besoldungsdienstalters beim Übertritte von Beamten in andere Klassen (Abschnitt D) finden sinngemäße Anwendung bei der etatsmäßigen Wiederanstellung von pensionierten Beamten. Die Zeit vom Ausscheiden aus der etatsmäßigen Stelle bis zur etatsmäßigen Wiederanstellung bleibt außer Betracht, soweit sie nicht nach den beiden letzten Sätzen der Ziffer 21 in Anrechnung zu bringen ist. Etwaiges unbefriedigendes Verhalten des Beamten in der früheren Stelle schließt die Anrechnung der in dieser zurückgelegten Dienstzeit nicht aus.

49. Bei der Berechnung des Normalgehalts der früheren Stelle sind ohne Rücksicht auf etwaige spätere allgemeine Besoldungsaufbesserungen diejenigen Gehaltssätze zu Grunde zu legen, welche zur Zeit der Pensionierung des Beamten in Kraft waren. Ist die Pensionierung erfolgt, bevor für die Beamtenklasse die Gehaltsbemessung nach Dienstaltersstufen eingeführt war, so sind die Gehaltssätze zu Grunde zu legen, die bei der ersten Regelung der Gehälter dieser Beamtenklasse nach Dienstaltersstufen eingeführt wurden.

50. Hat ein Beamter den Wiedereintritt in den Reichsdienst durch eigene Schuld oder aus eigener Entschließung erheblich verzögert, so findet eine Anrechnung früherer Dienstzeit in der Regel nicht statt. Sollten ausnahmsweise Gründe für eine solche Anrechnung geltend zu machen sein, so ist die Entscheidung der obersten Reichsbehörde einzuholen.

G. Gehaltsbemessung bei der Wiederanstellung von Beamten, welche freiwillig ausgeschieden sind oder deren früheres Beamtenverhältnis durch Dienstentlassung gelöst worden ist.

51. Ist ein Beamter aus einer etatsmäßigen Stelle des Reichsdienstes freiwillig ausgeschieden oder ist sein früheres Beamtenverhältnis durch Dienstentlassung gelöst worden, so darf im Falle seiner Wiederanstellung bei der Festsetzung des Besoldungsdienstalters und des Gehalts der neuen Stelle auf das Besoldungsdienstalter und das Gehalt der früheren Stelle keine Rücksicht genommen werden. Beamte, die ihre Stelle freiwillig aufgeben wollen, sind hierauf ausdrücklich hinzuweisen.

52. Sollten im einzelnen Falle besondere Gründe dafür geltend zu machen sein, von diesem allgemeinen Grundsatz ausnahmsweise abzuweichen, so ist vor der Wiederanstellung des Beamten die Entscheidung der obersten Reichsbehörde und der Reichsfinanzverwaltung einzuholen.

H. Gehaltsbemessung bei Versetzungen auf Grund eines Disziplinarurteils.

53. Gelangt eine Versetzung auf Grund eines Disziplinarurteils in der Weise zur Ausführung, daß der Beamte in eine Stelle derselben Klasse oder in eine Stelle einer anderen Klasse mit gleichen Gehaltssätzen und Dienstaltersstufen versetzt wird, so ist,

a) wenn auf Strafversetzung ohne Verminderung des Diensteinkommens erkannt ist, dem Beamten sein Gehalt und Besoldungsdienstalter auch in der neuen Stelle unverkürzt zu belassen;

b) wenn auf Strafversetzung mit Verminderung des Diensteinkommens erkannt ist, dem Beamten das Besoldungsdienstalter zwar ebenfalls unverkürzt zu belassen, in jeder Gehaltsstufe aber das ihm danach zustehende Gehalt um den Betrag der in dem Disziplinarurteile festgesetzten Einkommensverminderung zu kürzen.

54. Kann die Strafversetzung nur in der Weise zur Ausführung gebracht werden, daß der Beamte in eine Klasse versetzt wird, für die andere Gehaltssätze oder Dienstaltersstufen bestehen, so ist über die Festsetzung des Besoldungsdienstalters der neuen Klasse die Entscheidung von der obersten Reichsbehörde unter Beteiligung der Reichsfinanzverwaltung zu treffen.

55. Wenn in den Fällen einer Strafversetzung mit Einkommensverminderung von der Kürzung des Gehalts, insbesondere nach Erreichung der höchsten Dienstaltersstufe, ganz oder zum Teil wieder abgesehen werden soll, so ist darüber die Entscheidung der obersten Reichsbehörde einzuholen.

J. Gehaltsbemessung beim Übertritte von Beamten in Fällen, in denen die vorstehenden Bestimmungen nur beschränkt und nicht ohne weiteres Anwendung finden.

a. Übertritt aus Stellen des Reichsdienstes, für welche Altersstufen noch fehlen, und aus dem Auslandsdienst in den Inlandsdienst.

56. Tritt ein Beamter aus einer Stelle, die mit einem Einzelgehalt ausgestattet ist, oder aus der Reichskanzlei in eine Stelle über, deren Gehalt nach Dienstaltersstufen geregelt ist, so wird das Besoldungsdienstalter durch die oberste Reichsbehörde im Einvernehmen mit der Reichsfinanzverwaltung festgesetzt.

57. Tritt ein Beamter aus dem gesandtschaftlichen oder Konsulardienst in eine Stelle des Inlandsdienstes, deren Gehalt nach Dienstaltersstufen geregelt ist, so erfolgt die Festsetzung des Besoldungsdienstalters nach Maßgabe des normalmäßig erlangten pensionsfähigen Gehalts ohne Berücksichtigung des dem pensionsfähigen Teile des Wohnungsgeldzuschusses der betreffenden übrigen Reichsbeamten entsprechenden Betrags und etwaiger Zulagen.

Das Besoldungsdienstalter der der Besoldungsordnung II Klasse 2 angehörenden Bureau- und Kanzleibeamten des Auslandsdienstes ist bei ihrem Übertritte zur Geheimen Kanzlei des Auswärtigen Amtes so festzusetzen, als ob sie von vornherein in der Geheimen Kanzlei des Auswärtigen Amtes angestellt worden wären. Etwaige Diätariatszeit, auch wenn sie fünf Jahre übersteigt, hat hierbei unberücksichtigt zu bleiben. Unberührt bleibt der Anspruch auf Fortgewährung des etwaigen bisherigen höheren pensionsfähigen Gehalts.

b. Übertritt aus dem Schutzgebietsdienste.

58. Beim Übertritt aus dem Schutzgebietsdienst in eine mit Dienstaltersstufen ausgestattete Stelle ist für die Regelung des Besoldungsdienstalters lediglich das normalmäßig erlangte pensionsfähige Gehalt, nicht das Auslandsgehalt maßgebend.

Denjenigen Landesbeamten der Schutzgebiete, die wegen vorübergehender Dienstunfähigkeit in den einstweiligen Ruhestand versetzt waren, kann das Besoldungsdienstalter in Abweichung von Ziffer 47 auch unter Berücksichtigung der Zeit des einstweiligen Ruhestandes festgesetzt werden.

Die Festsetzung erfolgt durch die oberste Reichsbehörde unter Beteiligung der Reichsfinanzverwaltung.

c) Übertritt aus dem preußischen unmittelbaren Staatsdienst und aus dem unmittelbaren Landesdienste von Elsaß-Lothringen.

59. Beim Übertritte von Beamten aus dem preußischen unmittelbaren Staatsdienste wird das Besoldungsdienstalter im allgemeinen so festgesetzt, als wenn die betreffenden Beamten vorher im Reichsdienst angestellt gewesen wären.

Das Gleiche gilt beim Übertritte von Beamten aus dem unmittelbaren Landesdienste von Elsaß-Lothringen, jedoch mit der Maßgabe, daß das normalmäßig erreichte Gehalt um den pensionsfähigen Teil des Wohnungsgeldzuschusses der entsprechenden Reichsbeamten gekürzt wird, und daß die Bestimmung des Dienstalters durch die oberste Reichsbehörde im Einvernehmen mit der Reichsfinanzverwaltung erfolgt.

Sind die Gehälter der Klasse, aus welcher der Austritt erfolgt, im preußischen Staatsdienst oder in Elsaß-Lothringen höher als die Gehälter der gleichwertigen Beamtenklasse des Reichsdienstes oder werden Zulagen, die im Reiche als anrechnungsfähig gelten, in Preußen oder Elsaß-Lothringen nicht angerechnet, so sind bei Festsetzung des Normalgehalts der früheren Stelle die niedrigen Gehälter der letzteren Beamtenklasse zugrunde zu legen und die Zulagen unberücksichtigt zu lassen.

60. Ist ein außeretatsmäßiger Beamter aus dem unmittelbaren preußischen Staatsdienst oder aus dem unmittelbaren Landesdienste von Elsaß-Lothringen in eine außeretatsmäßige Stelle des Reichsdienstes übergetreten, so finden bei der Festsetzung seines Besoldungsdienstalters anläßlich seiner ersten etatsmäßigen Anstellung die Vorschriften über Anrechnung diätarischer Dienstzeit (Ziffer 21 ff.) entsprechende Anwendung auf die im Staatsdienste verbrachte außeretatsmäßige Dienstzeit.

61. Bei der Gehaltsbemessung für ehemalige Gendarmen und Schutzmänner ist nach folgenden Grundsätzen zu verfahren:

a) bei der etatsmäßigen Anstellung eines preußischen Gendarmen oder Schutzmanns als mittlerer oder Kanzleibeamter sowie bei der Anstellung eines preußischen Gendarmen als Unterbeamter findet eine Vorrückung des Besoldungsdienstalters zur Abwendung von Gehaltseinbußen nicht statt. Der Dienst in der Gendarmerie oder Schutzmannschaft wird wie Militärdienst behandelt. Wegen der Anrechnung der Militärdienstzeit siehe Ziffer 14 ff.;

b) bei der etatsmäßigen Anstellung eines preußischen Schutzmanns in einer Unterbeamtenstelle findet, auch wenn sich der Schutzmann bereits vor seinem Eintritt in die Schutzmannschaft im Besitze des Zivilversorgungsscheins befunden hat, eine Anrechnung von Militärdienstzeit nicht statt. In solchem Falle erfolgt die Regelung des Besoldungsdienstalters und des Gehalts nach folgenden Bestimmungen:

α) Bei der Übernahme ist das Vorhandensein dienstlicher Rücksichten (Ziffer 30) auch dann anzunehmen, wenn die Übernahme lediglich auf Antrag des Schutzmanns erfolgt. Der Austritt aus der Stellung der Schutzmänner behufs Übertritts in den Reichsdienst ist daher als ein freiwilliges Ausscheiden im Sinne des Abschnitts G nicht anzusehen, es sei denn, daß der Ausgetretene den Übertritt durch eigene Schuld oder aus eigener Entschließung erheblich verzögert hat.

β) Zur Ermittelung des Normalgehalts der früheren Stelle ist das Besoldungsdienstalter der früheren Stelle so weit zu kürzen, daß nur die nach der Erlangung des Zivilversorgungsscheins in der Schutzmannschaft zurückgelegte Dienstzeit berücksichtigt wird. Bei Beamten, die aus ihrer etatsmäßigen Stelle als Schutzmann behufs Probedienstleistung oder informatorischer Beschäftigung beurlaubt waren, ist hierbei die Zeit dieser Beschäftigung als Dienstzeit in der früheren etatsmäßigen Stelle anzurechnen. Nach dem in dieser Weise ermittelten Normalgehalt ist das Besoldungsdienstalter der neuen Stelle festzusetzen, dessenungeachtet aber den ehemaligen Schutzleuten der höhere Gehaltssatz der früheren Stelle, soweit er das Höchstgehalt der neuen Stelle nicht übersteigt, bis zum Aufsteigen in die entsprechend höhere Dienstaltersstufe der neuen Stelle — ohne Abrundung — fortzugewähren. Auf Polizeiwachtmeister findet diese Ausnahmebestimmung keine Anwendung, vielmehr ist hier das letzte normalmäßige Stellengehalt maßgebend.

γ) Beim Übertritte von Gendarmerieoberwachtmeistern, Polizeiwachtmeistern und Polizeioberwachtmeistern in Zivildienststellen des Reichs ist für die Festsetzung des Besoldungsdienstalters das letzte normalmäßige Stellengehalt maßgebend. Daneben und unabhängig von der Mitnahme des Gehalts erfolgt eine Anrechnung der Militärdienstzeit, wobei die in der Gendarmerie oder in der Schutzmannschaft verbrachte Zeit als Militärdienstzeit anzusehen ist.

c) Wenn Angehörige der elsaß-lothringischen Landgendarmerie oder Schutzmannschaft im Reichsdienst etatsmäßig angestellt werden, so erfolgt die Bemessung ihres Besoldungsdienstalters nach den für die Angehörigen der preußischen Landgendarmerie und Schutzmannschaft erlassenen Vorschriften, für die Angehörigen der Schutzmannschaft beim Übertritt in eine Unterbeamtenstelle unter Zugrundelegung des Normalgehalts der entsprechenden preußischen Beamten.

62. Den aus dem Reichsdienst in den preußischen unmittelbaren Staatsdienst und in den unmittelbaren Landesdienst von Elsaß-Lothringen übergetretenen Beamten ist beim Rücktritt in den Reichsdienst, wenn sie in diesem schon vorher etatsmäßig angestellt waren, ihr früheres Besoldungsdienstalter, andernfalls aber dasjenige Dienstalter beizulegen, welches sie erhalten haben würden, wenn sie anstatt des in der Anwartschaft zur etatsmäßigen Anstellung ihnen unmittelbar folgenden Beamten derselben Anwärterklasse angestellt worden wären. Sind die zurücktretenden Beamten nach ihrer früheren Anwartschaft zur etatsmäßigen Anstellung noch nicht an der Reihe, so ist ihr Besoldungsdienstalter bei der späteren Anstellung so festzusetzen, als wenn sie ununterbrochen im Reichsdienste verblieben wären.

d) Übertritt aus dem unmittelbaren Staatsdienst anderer Bundesstaaten.

63. Beim Übertritte von Beamten aus dem unmittelbaren Staatsdienste der übrigen Bundesstaaten in den Reichsdienst hat die Feststellung des Besoldungsdienstalters, soweit eine Anrechnung früherer Dienstzeit in Frage kommt, durch die oberste Reichsbehörde unter Beteiligung der Reichsfinanzverwaltung zu erfolgen.

Bei der Gehaltsbemessung für ehemalige Angehörige der Gendarmerie und Schutzmannschaft ist so zu verfahren, als wenn sie aus dem preußischen Dienste überträten, und zwar beim Übertritte von Angehörigen der Schutzmannschaft in eine Unterbeamtenstelle unter Zugrundelegung des Normalgehalts der entsprechenden preußischen Beamten. Eine Beteiligung der Reichsfinanzverwaltung findet hierbei nicht statt.

e) Übertritt aus dem Kommunal- und Schuldienste.

64. Für die aus dem Kommunaldienst und aus dem Schuldienst in den Reichsdienst übertretenden Beamten ist, sofern eine Anrechnung von Vordienstzeit in Frage

kommt, das Besoldungsdienstalter von der obersten Reichsbehörde unter Beteiligung der Reichsfinanzverwaltung festzusetzen.

65. Bei Übernahme von Leitern und Lehrern der preußischen höheren Unterrichtsanstalten (Gymnasien, Realgymnasien, Oberrealschulen, Progymnasien, Realprogymnasien und Realschulen) aber erfolgt die Gehaltsfestsetzung durch die oberste Reichsbehörde nach Maßgabe des preußischen Normaletats. Hinsichtlich der Marine-Oberlehrer gilt jedoch auch hier die Bestimmung zu Ziffer 64.

66. Bei der Anstellung von preußischen Lehrern der öffentlichen Volksschule als Elementarlehrer bei den Kadettenanstalten sowie als Lehrer bei den Unteroffizierschulen, den Unteroffiziervorschulen, den Militär- und Soldaten-Knaben-Erziehungsanstalten sowie den Garnisonschulen ist nicht als bisher bezogene Gehalt maßgebend, ihnen wird vielmehr die über vier Jahre im öffentlichen Schuldienste verbrachte Zeit auf das Besoldungsdienstalter angerechnet.

K. Ausnahmefestsetzungen.

67. Wo infolge Einführung des Altersstufensystems sich im einzelnen Falle Härten ergeben würden, kann zu ihrem Ausgleich eine besondere Festsetzung des Besoldungsdienstalters oder die vorübergehende Bewilligung eines höheren Gehalts als die in den Besoldungsordnungen vorgesehenen Sätze behufs Ausgleichs von Einkommensausfällen durch die oberste Reichsbehörde unter Beteiligung der Reisfinanzverwaltung erfolgen. Nachzahlungen von Gehaltsteilen dürfen nicht über den Beginn desjenigen Rechnungsjahrs hinaus stattfinden, in dem die Vorrückung an zuständiger Stelle angeregt worden ist.

L. Widerruf unrichtiger Gehaltsbewilligungen.

68. Ist ein Besoldungsdienstalter vorschriftswidrig festgesetzt oder ein Gehaltssatz vorzeitig bewilligt, so hat die Berichtigung des vorgekommenen Versehens zu erfolgen. Zuviel gezahlte Beträge sind wieder einzuziehen. Über die einzuziehenden Beträge ist der obersten Reichsbehörde unter Angabe der Berechnungsweise Anzeige zu erstatten.

M. Schlußvorschrift.

69. In Fällen, die durch die vorstehenden Bestimmungen nicht geregelt sind, erfolgt die Festsetzung des Besoldungsdienstalters durch die oberste Reichsbehörde unter Beteiligung der Reichsfinanzverwaltung.

Zweiter Teil. Offiziere einschließlich der Sanitätsoffiziere und der Marine-Ingenieure und Unteroffiziere.

70. Das Besoldungsdienstalter für die Offiziere und Unteroffiziere des Reichsheers wird durch die oberste Militär-Verwaltungsbehörde des Kontingents oder die von letzterer beauftragte Behörde festgesetzt.

71. In gleicher Weise hat die oberste Militär-Verwaltungsbehörde des Kontingents wegen Bewilligung der Dienstalterszulagen für Offiziere und Unteroffiziere des Reichsheers Bestimmung zu treffen.

72. Die Bestimmungen im Teile I Ziffer 5, 7, 8 und 68 — Ziffer 8 jedoch mit Ausnahme des Schlußsatzes — finden sinngemäß Anwendung.

73. Die Bestimmungen in Ziffer 70 bis 72 finden auf die Offiziere des Reichsmilitärgerichts, die Offiziere und Unteroffiziere der Kaiserlichen Marine sowie auf die Schutztruppenoffiziere und -unteroffiziere beim Reichs-Kolonialamte mit der Maßgabe Anwendung, daß an die Stelle der obersten Militär-Verwaltungs-Behörde des Kontingents der Präsident des Reichsmilitärgerichts, das Reichs-Marine-Amt und das Reichs-Kolonialamt tritt.

II. Grundsätze für die Neufestsetzung des Besoldungsdienstalters der Beamten und die Berechnung der Nachzahlungen aus Anlaß des Inkrafttretens des Reichs-Besoldungsgesetzes vom 15. Juli 1909.

I. Besoldungsdienstalter der Beamten, die zum oder nach dem 1. April 1908 angestellt, befördert oder im dienstlichen Interesse aus einer Besoldungsklasse in eine andere versetzt sind.

1. Das Besoldungsgesetz ist mit Rückwirkung vom 1. April 1908 in Kraft getreten. Hieraus ergibt sich, daß das Besoldungsdienstalter aller Beamten, die seit dem 1. April 1908 angestellt, im dienstlichen Interesse versetzt oder befördert worden sind, einer Nachprüfung zu unterziehen ist. Ihr Besoldungsdienstalter ist — gleichviel ob dies zum Vorteil oder zum Schaden der Beamten gereicht — so festzusetzen, als wenn seit dem 1. April 1908 durchweg schon die neuen Gehaltssätze und die Gehaltsvorschriften vom 24. Juli 1909 bestanden hätten.

Die im dienstlichen Interesse versetzten oder beförderten Beamten sind hiernach mit dem Gehalt in die neue Besoldungsklasse einzureihen, welches ihnen nach den neuen Gehaltssätzen in der früheren Besoldungsklasse bei Anwendung der Gehaltsvorschriften und der Bestimmungen zu II dieser Verfügung vom Tage der Versetzung oder Beförderung zugestanden hätte.

In denjenigen Fällen, in welchen im Einvernehmen mit der Reichsfinanzverwaltung aus Billigkeitsrücksichten eine Vordatierung des Besoldungsdienstalters stattgefunden hat, ist zu prüfen, ob die damals maßgebend gewesenen Grundsätze auch jetzt noch eine Vordatierung angezeigt erscheinen lassen, und gegebenenfalls mit der Reichsfinanzverwaltung in Benehmen zu treten.

2. Entsprechend den zu 1 aufgestellten Grundsätzen ist insbesondere auch in denjenigen Fällen zu verfahren, in welchen Beamte der Bundesstaaten oder Nichtbeamte seit dem 1. April 1908 in den Reichsdienst übernommen sind. Hier wird namentlich die sich etwa daraus ergebende Sachlage zu berücksichtigen sein, daß seit diesem Zeitpunkt eine Gehaltsaufbesserung in dem betreffenden Bundesstaate stattgefunden hat.

II. Besoldungsdienstalter der Beamten, die vor dem 1. April 1908 angestellt, im dienstlichen Interesse versetzt oder befördert sind.

1. Grundsätzlich erhalten die Beamten die vom 1. April 1908 ab gültigen Gehaltssätze der neuen Besoldungsordnung nach Maßgabe ihres bisherigen Besoldungsdienstalters.

2. Für diejenigen Beamten, welche bisher ein Einzelgehalt bezogen haben und nunmehr aufsteigende Gehälter erhalten, wird das Besoldungsdienstalter auf den Tag des Einrückens in ihre Stelle festgesetzt.

Das Gleiche gilt für diejenigen Beamten, die bisher aufsteigende Gehälter ohne Altersstufen bezogen und für welche nunmehr Dienstaltersstufen eingeführt sind, insbesondere also für die gesandtschaftlichen und konsularischen Beamten hinsichtlich des pensionsfähigen Gehalts.

Der Direktor des Postzeitungsamts erhält das Besoldungsdienstalter, das er als Postdirektor gehabt hat.

3. Für diejenigen Beamten, deren Anfangsgehalt in der Besoldungsordnung herabgesetzt ist, wird folgendes bestimmt:

Für die Militärbeamten, welche bisher 150 ℳ mehr als die entsprechenden Zivilbeamten bezogen haben, insbesondere also für die Intendanturräte, findet eine Vordatierung aus diesem Anlasse nicht statt. Das Gleiche gilt für die Beamten der Reichseisenbahnen hinsichtlich des bisher in ihrem Gehalte liegenden Teiles des Wohnungsgeldzuschusses.

Es findet eine Vordatierung statt für:

1. Maschinisten der Garnisonverwaltung in Wilhelmshaven, der Marineakademie und -Schule, bei den Lazaretten der Marine		
sofern sie jetzt ein Gehalt von 1500 ℳ haben	um	3 Jahre,
sofern sie ein Gehalt von 1650 ℳ haben	„	6 „ ,
sofern sie ein solches von 1800 ℳ haben	„	9 „ ,
sofern sie ein solches von 1950 ℳ haben	„	12 „ ;
2. die der Klasse 14 angehörigen mittleren Beamten der Kanal- und der Marineverwaltung, welche bisher Unterbeamten waren	„	nichts;
3. bisherige Kanalmeister I. Klasse beim Kanalamte (Kl. 17 Nr. 1)	„	3 Jahre;
4. Materialienverwalter beim Militär-Versuchsamte (Kl. 17 Nr. 2)	„	3 „ ;
5. Kanzlisten bei den Intendanturen (Kl. 17 Nr. 3)	„	3 „ ;
6. Zeichner für Garnisonbauwesen (Kl. 17 Nr. 5), sofern der Beamte ein Besoldungsdienstalter von weniger als 3 Jahren besitzt	„	den an 3 Jahren fehlenden Zeitraum,
im übrigen	„	nichts;
7. Kanzleisekretäre beim Admiralstabe, soweit sie nicht dem vormaligen Oberkommando der Marine entnommen sind (Kl. 18 Nr. 1)	„	6 Jahre;
8. Wasserwerkinspektoren, Werkmeister beim Garnisonbauwesen der Marineverwaltung (Kl. 21 Nr. 6)	„	6 „ ;
9. Werkmeister bei der Ständigen Ausstellung für Arbeiterwohlfahrt (Kl. 22 Nr. 1)	„	3 „ ;

10. Zeichner beim Kanalamte (Kl. 23 Nr. 1), falls sie ein Besoldungsdienstalter von weniger als 3 oder von mindestens 3, aber weniger als 6 Jahren besitzen .... um den an 3 oder 6 Jahren fehlenden Zeitraum,
im übrigen .... „ nichts;
11. Garnisonbauwarte der Marine (Kl. 26b) .... „ 6 Jahre;
12. Werkmeister bei den Werften (Kl. 27 Nr. 1) .... „ nichts;
13. Sekretär und Registrator bei der Generalinspektion des Militär-Erziehungs- und Bildungswesens (Kl. 35a Nr. 5) .... „ 3 Jahre;
14. Oberbahnhofsvorsteher, Obergütervorsteher, Oberkassenvorsteher (Kl. 35a Nr. 11) .... „ 6 „ ;
15. Eisenbahnbetriebskontrolleure (Kl. 35a Nr. 11) .... „ 6 „ ;
16. Technische Inspektoren, Vorstand der Druckerei, Oberphotograph bei der Landesaufnahme und dem Generalstabe (Kl. 41 Nr. 5) .... „ 3 „ ;
17. Lazarettverwaltungsdirektoren (Kl. 43b Nr. 4) .... „ nichts;
18. Oberrevisor bei der Reichsdruckerei (Kl. 47 Nr. 2) .... „ 3 Jahre;
19. Inspektor des Postzeitungsamts (Kl. 48 Nr. 4) .... „ 9 „ ;
20. Vorsteher von Militärpostämtern (Kl. 48 Nr. 5)
    a) soweit sie bisher 4400—5400 ℳ Gehalt hatten .... „ 9 „ ;
    b) soweit sie bisher 3800—5000 ℳ Gehalt hatten .... „ 6 „ ;
    c) soweit sie bisher 3400—4600 ℳ Gehalt hatten .... „ 3 „ ;
21. Kassiere bei den Oberbuchhaltereien der Generalmilitärkasse in Preußen und des Kriegszahlamts in Dresden und Rendant der Militärpensionskasse (Kl. 49 Nr. 1 und 2) .... „ 3 „ ;
22. Physiker für das Torpedowesen und Chemiker bei der Reichsdruckerei (Kl. 51 Nr. 3 und 5).

Falls die Beamten ein Besoldungsdienstalter von weniger als 3 oder von mindestens 3, aber weniger als 6 Jahre besitzen „ den an 3 oder 6 Jahren fehlenden Zeitraum,
andernfalls .... „ nichts;
23. Oberbibliothekare, Bibliothekare beim Reichstag und beim Reichsgericht (Kl. 56 Nr. 1).

Falls sie ein Besoldungsdienstalter von weniger als 3 oder von mindestens 3, aber weniger als 6 Jahren besitzen .... „ den an 3 oder 6 Jahren fehlenden Zeitraum,
im übrigen .... „ nichts;
24. Oberingenieur (Elektrotechniker) beim Kriegsministerium (Kl. 57 Nr. 1), Konstrukteure 2. Klasse der Heeresverwaltung (Nr. 4), Betriebsleiter bei den technischen Instituten der Heeresverwaltung und bei der elektrischen Zentrale in Leipzig (Nr. 5) und Wissenschaftliche Mitglieder des Militärversuchsamts (Nr. 6) .... „ nichts;
25. Korpsstabsapotheker und Oberstabsapotheker bei den Marinesanitätsämtern (Kl. 57 Nr. 3 und 7) .... „ nichts;

26.	Baumeister für Hafenbau, Vorsteher des technischen Baubureaus beim Reichspostamt und Bauinspektoren mit Ausnahme derer beim Kanalamte (Kl. 57 Nr. 8, 9, 11, 12)	um	3 Jahre;
27.	Bauinspektoren beim Kanalamte (Kl. 57 Nr. 12)	„	6 „ ;
28.	Oberlehrer bei der Marineverwaltung (Kl. 58 Nr. 3)	„	3 „ ;
29.	Oberintendanturräte (Kl. 59 Nr. 1)	„	3 „ ;
30.	Militär- und Marine-Oberpfarrer (Kl. 59 Nr. 2)	„	3 „ ;
31.	Vorstand des Torpedolaboratoriums (Kl. 59 Nr. 6)	„	3 „ ;
32.	Oberstabsapotheker beim Kriegsministerium, Betriebsdirektoren 2. Klasse bei der Heeresverwaltung, Abteilungsvorstände und Konstrukteure 1. Klasse bei den technischen Instituten der Heeresverwaltung (Kl. 62 Nr. 1, 3, 4)	„	nichts.

4. Die Vorrückungen von Besoldungsdienstalter, welche auf Grund der Herabsetzung von Anfangsgehalt erfolgen, sind bei der Festsetzung des Besoldungsdienstalters vor etwaigen Vorrückungen aus anderem Anlasse vorzunehmen.

5. Zu berücksichtigen ist sodann § 38 B. G. für diejenigen Beamten, welche sich nicht mehr in der Eingangsstelle befinden und deren Besoldungsdienstalter mit Rücksicht auf die seit dem 1. April 1906 eingetretenen Besoldungsaufbesserungen festgesetzt worden ist. Diese Vorschrift bezieht sich nicht nur auf diejenigen Beamten, die aus einer nach dem 1. April 1906 aufgebesserten Klasse befördert worden sind, sondern auch auf diejenigen Beamten, deren Besoldungsdienstalter aus Billigkeitsrücksichten, um Überholungen durch dienstjüngere Amtsgenossen zu vermeiden, oder aus anderen Gründen mit Rücksicht auf Gehaltsaufbesserungen in anderen Klassen vorgerückt worden ist. Insbesondere wird also das Besoldungsdienstalter der mit Rücksicht auf die Aufbesserung der Zahlmeistergehälter vordatierten Intendantursekretäre und Bureaubeamten der Zentralbehörden einer Nachprüfung zu unterziehen sein.

In allen diesen Fällen scheidet für die Nachprüfung das bisherige Besoldungsdienstalter völlig aus. Die Beamten, die aus einer nach dem 1. April 1906 aufgebesserten Klasse befördert worden sind, erhalten dasjenige Besoldungsdienstalter, das ihnen beizulegen gewesen sein würde, wenn die für die Festsetzung maßgebenden Stellen schon zur Zeit der Aufbesserung oder bei späterer Beförderung zur Zeit der Beförderung mit den in diesem Gesetze bestimmten Gehältern ausgestattet gewesen wären. Bei denjenigen Beamten, deren Besoldungsdienstalter aus Billigkeitsrücksichten, um Überholungen durch dienstjüngere Amtsgenossen zu vermeiden, oder aus anderen Gründen mit Rücksicht auf Gehaltsaufbesserungen in anderen Klassen vorgerückt worden ist, ist von dem Besoldungsdienstalter auszugehen, das sie ohne die Vorrückung gehabt haben oder gehabt hätten, und demnächst zu prüfen, ob und inwieweit die seinerzeit für die Vorrückung maßgebend gewesenen Grundsätze eine Vorrückung notwendig erscheinen lassen.

6. Weiter zu beachten bleibt der § 39 B. G., der Ausnahmen von der Regel zu II, I zur Vermeidung von Überholungen durch dienstjüngere Amtsgenossen vorsieht und nach welchem das Besoldungsdienstalter derjenigen vor dem 1. April 1908 beförderten oder im dienstlichen Interesse versetzten Beamten, welche am 1. April 1908 ein geringeres pensionsfähiges Gehalt als in der vorher von ihnen bekleideten Stelle, falls sie in dieser verblieben wären, nach den neuen Gehaltssätzen zu beziehen haben würden, oder welche in der vorher bekleideten Stelle bei dem nächsten Aufrücken eine höhere Gehaltsstufe erreicht haben würden, als dies in der neuen Stelle der Fall sein würde, so festzusetzen ist, als wenn die Beamten erst am 1. April 1908 in die neue Gehaltsklasse befördert oder versetzt wären.

Für die Beamten der höheren Laufbahn bei der Reichs-Post- und Telegraphenverwaltung ist hierbei so zu verfahren, als wenn das Anfangsgehalt der den jetzigen Ober-Postpraktikanten entsprechenden Klassen schon zur Zeit ihrer Beförderung in diese 2500 ℳ betragen hätte.

7. Bei der Neufestsetzung des Besoldungsdienstalters kommt sodann in Betracht, daß die Vorschriften über Anrechnung von Militärdienstzeit bei Militär- und Zivilanwärtern sowie die Vorschriften über Anrechnung außeretatsmäßiger Dienstzeit, insbesondere von Diätariat (§ 6 Abs. 2, 3 und 4, §§ 7 und 8 des Besoldungsgesetzes) rückwirkende Kraft erhalten haben. Das Besoldungsdienstalter ist also, insoweit dies nicht bereits geschehen ist, um soweit vorzudatieren, wie dies notwendig wäre, wenn diese Vorschriften und die bezüglichen Bestimmungen aus den Gehaltsvorschriften vom 24. Juli 1909 schon zur Zeit der ersten etatsmäßigen, bezw. § 8 des Besoldungsgesetzes schon zur Zeit der Überführung aus einer Unterbeamtenklasse in eine Stelle des mittleren oder des Kanzleidienstes in Geltung gewesen wären. Das Besoldungsdienstalter ehemaliger Zivilanwärter kann durch Anwendung des Allerhöchsten Erlasses vom 14. Dezember 1891 (zu vergl. Ziffer 24 Abs. 2 der Gehaltsvorschriften) nicht früher als auf den 1. Januar 1892 bestimmt werden.

Rückwirkende Kraft erhält auch die Bestimmung in Ziffer 24 letzter Satz der Gehaltsvorschriften, nach welcher den Unterbeamten der Post- und Telegraphenverwaltung, welche während der Vorbereitungs- und Probezeit zur Erfüllung der Militärpflicht beurlaubt werden, der noch nicht abgeleistete Teil der Vorbereitungs- und Probezeit unter Gegenrechnung eines entsprechenden Teiles der Militärdienstzeit erlassen wird, während der Rest der Militärdienstzeit wie die in das Diätariat fallende Militärdienstzeit zu behandeln ist.

Rückwirkend gilt ferner die Bestimmung in Ziffer 43 der Gehaltsvorschriften, nach welcher den als Intendantursekretär des Heeres zur Anstellung gelangenden nicht zivilversorgungsberechtigten Anwärtern das Besoldungsdienstalter um diejenige Militärdienstzeit bis zur Dauer eines Jahres vorzudatieren ist, welche sie über die gesetzliche hinaus bestimmungsgemäß behufs Ermöglichung ihrer Anstellung haben zurücklegen müssen.

III. Allgemeine Bestimmungen.

1. Sofern einem Beamten nach seinem Besoldungsdienstalter ein geringeres pensionsfähiges Gehalt zustehen würde, als er tatsächlich bis zur Verkündung dieses Gesetzes bezogen hat, bewillige ich auf Grund des § 42 Abs. 2 des Besoldungsgesetzes, daß eine Kürzung des einmal bewilligten Gehalts nicht eintritt, den Beamten vielmehr das Mehr über das aus der Besoldungsordnung und dem Besoldungsdienstalter sich ergebende Gehalt hinaus bis zum normalmäßigen Aufrücken in ein höheres Gehalt gezahlt wird.

Den Beamten der Betriebsverwaltung der Reichseisenbahnen wird hierbei von dem tatsächlich bezogenen Gehalte derjenige darin inbegriffene Betrag abgerechnet, welcher dem pensionsfähigen Teile des Wohnungsgeldzuschusses der übrigen Reichsbeamten entspricht.

2. Neben dem Gehalte sind sowohl für 1908 als auch für die Zeit vom 1. April 1909 bis 1. Oktober 1909 die Wohnungsgeldzuschüsse nach Maßgabe des Besoldungsgesetzes, die Ostmarkenzulage nach Maßgabe des Gehalts und die sonstigen Zuschüsse und Zulagen, insbesondere Stellenzulagen, nach Maßgabe des durch den Entwurf

zum Nachtragsetat umgestalteten Etats für 1909 zur Zahlung anzuweisen, gleich als wenn der Entwurf des Nachtragsetats schon verabschiedet wäre und auch für 1908 Geltung hätte.

3. Die hiernach nicht mehr oder nur in unveränderter Höhe zahlbaren Gebührnisse, insbesondere also die Wohnungsgeldzuschüsse, die Stellenzulagen und sonstige Zulagen, die nichtpensionsfähigen Zuschüsse der Beamten der Betriebsverwaltung der Reichseisenbahnen, der Wert der etatsmäßigen Feuerungs-, Beleuchtungs- und sonstigen Deputate sowie die Entschädigung für nicht in natura gelieferte Deputate und Dienstwohnungen, die aus fortlaufenden Fonds den Unterbeamten bewilligten Teuerungszulagen sowie die Serviszulagen in den Orten der Tarifklasse A sind, soweit sie im Rechnungsjahre 1908 und seit dem 1. April 1909 bis 1. Oktober 1909 bezogen worden sind, auf die zustehenden Gebührnisse der einzelnen Jahre anzurechnen. Auf die für 1908 nachzuzahlenden Beträge kommen ferner die für dieses Jahr gewährten einmaligen außerordentlichen Beihilfen in Anrechnung.

4. Ergibt sich aus der angeordneten Berechnung der Gebührnisse, daß ein Beamter für 1908 insgesamt weniger erhalten würde, als er im Jahre 1908 zuzüglich der einmaligen Teuerungsbeihilfe tatsächlich bezogen hat, oder vom 1. April 1909 bis zum 1. Oktober 1909 insgesamt weniger erhalten würde, als ihm nach den geltenden Bestimmungen bis dahin zugestanden hat, so bewillige ich ihm auf Grund des § 46 Abs. 1 des Besoldungsgesetzes den Unterschiedsbetrag als nichtpensionsfähigen Zuschuß. Vom 1. Oktober 1909 ab bis zu dem Zeitpunkte, mit dem durch Gehaltserhöhung oder Aufsteigen im Gehalte, durch Zulagen, höheren Wohnungsgeldzuschuß oder Mietentschädigung ein Ausgleich eintritt, ist ferner ein Zuschuß insoweit zu bewilligen, als erforderlich ist, um den Beamten vor einem Rückgang in seinen gesamten Diensteinkünften zu bewahren.

Das Entsprechende bewillige ich den Pensionären, welche im Reichsdienste wieder angestellt sind, auf Grund des § 46 Abs. 2.

Erhöhungen des Wohnungsgeldzuschusses oder der Mietentschädigung bleiben insoweit außer Anrechnung, als sie lediglich infolge der Versetzung des Beamten an einen Ort einer höheren Wohnungsgeldzuschußklasse eintreten. Die an letzterem Orte infolge der Änderung des Wohnungsgeldzuschußgesetzes eintretende Tariferhöhung ist nicht eine solche Erhöhung, die „lediglich" infolge der Versetzung eintritt: der versetzte Beamte muß sich daher diese Erhöhung auf den Zuschuß anrechnen lassen, ebenso wie auch bei denjenigen Beamten, die schon am 1. April 1908 am Orte der höheren Wohnungsgeldzuschußklasse ihren Wohnsitz hatten, eine Verrechnung der einmaligen Zulage auf die Tariferhöhung stattfindet.

Wenn und solange Beamte Dienstwohnungen innehaben, ist ihnen die Erhöhung des tarifmäßigen Wohnungsgeldzuschusses nicht auf die einmalige Zulage anzurechnen.

Bei der Betriebsverwaltung der Reichseisenbahnen ist den Gebührnissen, die die Dienstwohnungsinhaber künftig beziehen werden, die nach den bisherigen Bestimmungen entrichtete Mietvergütung zuzurechnen.

5. Für die Besoldungsklassen 59, 62, 63 ist in der Besoldungsordnung I bestimmt, daß Beamte bis zu einem Drittel pensionsfähige Zulagen von je 600 ℳ erhalten. Dieses Drittel ist für die Beamten jedes Ressorts gesondert zu berechnen. Ob und inwieweit in jedem Ressort Gruppen zu bilden sind, bleibt, sofern dieserhalb nicht der Nachtragsetat bereits Vorsorge trifft, der Entscheidung der obersten Reichsbehörde überlassen. Ist die Zahl der in Frage kommenden Beamten nicht durch 3 ohne Rest teilbar, so kann Aufrundung nach oben erfolgen.

Von einer nachträglichen Zahlbarmachung der Zulage wird insoweit abzusehen sein, als für die rückliegende Zeit nicht mit Sicherheit festzustellen ist, wer von den Beamten in dem zum Genusse der Zulage berechtigten Stellung gewesen sein würde.

6. Die in die neugebildete Gehaltsklasse der Inspektoren bei der Heeres- und der Marineverwaltung einrückenden Beamten erhalten das Mehr derjenigen Bezüge nachgezahlt, welche sie erhalten haben würden, wenn die organisatorische Änderung bereits am 1. April 1908 erfolgt wäre. Ihr Besoldungsdienstalter ist — abweichend von der zu II, 1 gegebenen allgemeinen Regel — unter Zugrundelegung ihrer Anstellung in der bisherigen Assistentenklasse festzusetzen. Für die vor dem Tage der Verkündung des Gesetzes angestellten bisherigen Kaserneninspektoren, Lazarettinspektoren und Sanitätsdepotinspektoren der Marineverwaltung gilt jedoch die Vorschrift unter II, 1 und III, 1.

IV. Bestimmungen für die außeretatsmäßig, insbesondere diätarisch im Reichsdienste beschäftigten Beamten.

1. Die nachzuzahlenden Beträge und das Diätariendienstalter sind so festzusetzen, als wenn die neue Diätenordnung schon am 1. April 1908 in Kraft getreten wäre. Nachzahlungen an außeretatsmäßige Beamte oder Diätare, die zur Zeit der Verkündung des Besoldungsgesetzes nicht mehr Reichs-, Staats- oder Schutzgebietsbeamte gewesen sind, finden nicht statt.

Von mittleren, Kanzlei- und Unterbeamten sind hierbei alle diejenigen zu berücksichtigen, welchen beim Vorliegen der sonstigen Voraussetzungen im Jahre 1908 die einmaligen außerordentlichen Teuerungsbeihilfen zuzuwenden gewesen sind oder wären.

2. Die Bestimmungen zu III, 2, 3 und 4 finden sinngemäß Anwendung.

V. Bestimmungen für Pensionäre und Hinterbliebene.

1. Bei der Neufestsetzung der nachzuzahlenden Beträge an Pensionen für Beamte, die noch am 1. April 1908 im Dienste waren und seitdem in den Ruhestand getreten sind, und der nachzuzahlenden Beträge an Bezügen für ihre Hinterbliebenen ist von einem nach den vorstehenden Grundsätzen berechneten pensionsfähigen Gehalt, und dem neuen pensionsfähigen Durchschnittssatze des Wohnungsgeldzuschusses und den neuen sonstigen pensionsfähigen Diensteinkünften auszugehen, sofern die hiernach zu berücksichtigenden pensionsfähigen Bezüge insgesamt höher sind als die Summe der schon berücksichtigten.

2. Die Mehrbeträge, welche den nach dem 1. April 1908 in den Ruhestand getretenen Beamten für die Zeit vom 1. April 1908 bis zur Pensionierung zugestanden hätten, sind diesen nachzuzahlen. Ebenso sind die Mehrbeträge, welche den nach dem 31. März 1908 verstorbenen Beamten für die Zeit vom 1. April 1908 bis zu ihrem Tode zugestanden hätten, den Erben und die Mehrbeträge, welche deren Hinterbliebenen oder sonstigen Berechtigten für das Gnadenvierteljahr zugestanden hätten, diesen nachzuzahlen. Die dem Beamten etwa gezahlte einmalige außerordentliche Beihilfe ist nur auf die der Stelle zukommende Einkommensverbesserung, nicht auch auf die sich daraus ergebende Erhöhung der Pension bzw. der Hinterbliebenenbezüge anzurechnen.

3. Erhöhungen der Pensionen, die auf Grund des § 37 Satz 2 und § 39 des Reichsbeamtengesetzes, sowie der Hinterbliebenenbezüge, welche auf Grund der § 9 und 10

Beamtenhinterbliebenengesetzes bewilligt sind, sind bei der obersten Reichsbehörde anzuregen, sofern seinerzeit die nach den früheren Dienstbezügen gesetzlich zulässigen Höchstbeträge bewilligt worden sind und ein dringendes Bedürfnis zu ihrer Erhöhung vorliegt.

4. Für die Beamten und Pensionäre, welche Empfänger von Militärpensionen oder Militärrenten sind, kann ebenso wie für Beamte, die als Zivilpensionäre wieder angestellt sind, durch die Diensteinkommensverbesserung eine anderweite Regelung der Pensionsbezüge und die Erstattung für die Zeit seit dem 1. April 1908 etwa zuviel gezahlter Beträge in Frage kommen. Entsprechendes gilt für Hinterbliebene, die zwei Versorgungen nebeneinander beziehen. Die Pensions- usw. Regelung ist zugleich mit der sonstigen Regelung zu veranlassen. Es empfiehlt sich, die Beteiligten hierauf bei der Benachrichtigung über die ihnen zukommenden Aufbesserungen hinzuweisen.

VI.

Von einer Neufestsetzung der bis zum Tage der Verkündung des Besoldungsgesetzes angewiesenen Beträge an

1. allgemeinen Umzugskosten der Ministerresidenten, Generalkonsuln, Konsuln und mit selbständigem Exequatur versehenen Vizekonsuln,
2. Urlaubsbezügen der Auslandsbeamten,
3. Dienstaufwandsentschädigungen der Geschäftsträger bei den Ministerresidenturen

ist abzusehen.

VII.

Die Erhöhung der von Dienstwohnungsinhabern zu zahlenden Vergütung für Gewährung von Feuerungsmaterialien tritt erst vom 1. Oktober 1909 ab ein.

VIII.

Von allen zur weiteren Ausführung der Besoldungsordnung ergehenden allgemeinen Verfügungen ist dem Rechnungshof und der Reichsfinanzverwaltung Mitteilung zu machen.

III. Diätenordnung für die nicht etatsmäßigen Beamten.

a) Reichsverwaltung.

Auf Grund des § 13 des Besoldungsgesetzes vom 15. Juli 1909 (R. G. Bl. S. 573) bestimme ich mit Wirkung vom 1. April 1908 ab folgendes:

1. Die Bezüge der Reichsbeamten von der erlangten Befähigung zur Bekleidung des Amtes bis zur etatsmäßigen Anstellung (Diätariat) werden nach Dienstaltersstufen geregelt.

   Die Diätensätze und die Aufrückungsfristen sind in der Anlage bestimmt.
2. Über die in der Anlage angegebenen Sätze kann nur bei höheren und mittleren technischen Beamten mit Zustimmung der Reichs-Finanzverwaltung dann

hinausgegangen werden, wenn bei den festgesetzten Bezügen nicht genügend Anwärter sich melden.

3. a) Die Neuordnung der Diäten hat nur Bezug auf Beamte, die noch bei keiner Behörde etatsmäßig angestellt sind. Sie erstreckt sich also nicht auf Fälle, in denen etatsmäßig angestellte Beamte in anderen Stellen diätarisch beschäftigt werden. Hier wird grundsätzlich das Gehalt einschließlich des Wohnungsgeldzuschusses der etatsmäßigen Stelle zu gewähren sein. Wie weit darüber hinaus noch Tagegelder gezahlt werden müssen oder können, bestimmt für die Reichsbeamten § 3 der Allerhöchsten Verordnung vom 25. Juni 1901. Dieser Bestimmung entsprechend ist bei bundesstaatlichen Beamten, die im Reichsdienste diätarisch beschäftigt werden, zu verfahren. Bei Beschäftigung in den Ministerien und obersten Reichsbehörden kann denjenigen höheren und Bureaubeamten, die am Orte der Beschäftigung ihren dienstlichen Wohnsitz haben, eine Zulage gezahlt werden (Ministerialzulage).

Etatsmäßige Beamte der Schutzgebiete erhalten im Falle einer diätarischen Beschäftigung im Inland entweder das Auslandsgehalt ohne Kolonialdienstzulage bzw. Ortszulage oder — mit ihrer ausdrücklichen Zustimmung — die pensionsfähigen Bezüge. Ist das Auslandseinkommen nicht in Auslandsgehalt und Kolonialdienstzulage bzw. Ortszulage getrennt, so sind nur die pensionsfähigen Bezüge zu gewähren. Ministerialzulage kann nur neben den pensionsfähigen Bezügen gezahlt werden. Soweit die dienstliche Beschäftigung im Inland in die ersten 6 Monate eines Heimaturlaubs fällt, wird neben den nach der Urlaubsordnung zustehenden vollen Dienstbezügen keine weitere Vergütung gewährt.

b) Den diätarisch beschäftigten nicht etatsmäßigen Beamten anderer Verwaltungen sind, abgesehen von den ihnen etwa verordnungsmäßig zustehenden Tagegeldern, grundsätzlich die heimischen Gebührnisse zu zahlen. Wegen der Zulage bei Beschäftigung in den Ministerien und obersten Reichsbehörden gilt die Bestimmung im letzten Satze von Ziffer a Absatz 1.

Die nicht etatsmäßigen Landesbeamten der Schutzgebiete sind in ihren Bezügen im allgemeinen den etatsmäßigen Landesbeamten der Schutzgebiete gleichzustellen. Jedoch treten bei einer dienstlichen Beschäftigung im Inlande während eines Heimaturlaubs (z. vgl. a Abs. 2) an Stelle der Bezüge für die etatsmäßigen Beamten die in der Urlaubsordnung für die nicht etatsmäßigen Beamten vorgesehenen.

Für den Fall, daß ein diätarisch beschäftigter nicht etatsmäßiger Beamter bei seiner Heimatbehörde etatsmäßig angestellt wird oder angestellt werden würde, falls er nicht zu einem anderen Dienste beurlaubt worden wäre, werden seine Bezüge nach den vorstehend für diätarisch beschäftigte etatsmäßige Beamte gegebenen Bestimmungen bemessen. Das Gleiche gilt für dauernd in den Reichsdienst übernommene nicht etatsmäßige Beamte. Kann nicht festgestellt werden, in welchem Orte ein Beamter im Heimatdienste zur Anstellung gekommen wäre, so ist der Wohnungsgeldzuschuß des letzten dienstlichen Wohnsitzes zugrunde zu legen.

4. Das Diätariat beginnt mit dem in der Anlage etwa angegebenen Zeitpunkt. Im übrigen gelten für den Beginn des Diätariats und für die Berücksichtigung der Militärdienstzeit die Vorschriften in Ziffer 24 Absatz 2 und Ziffer 25 der Gehaltsvorschriften vom 24. Juli 1909, für die Betriebsverwaltung der Reichseisenbahnen jedoch mit der Maßgabe, daß bei den Militäranwärtern der Beginn des Diätariats

auf den Tag der endgültigen Annahme als Diätar nach Beendigung der Probedienstzeit festzusetzen ist, und daß bei den nicht anstellungsberechtigten Anwärtern für nichttechnische mittlere Beamtenstellen der Tag der Annahme als Diätar den Zeitpunkt zu bilden hat, von dem ab das Aufsteigen zu den höheren Stufen zu rechnen ist.

Bei den höheren und mittleren technischen Beamten kann, sofern bei den festgesetzten Bezügen nicht genügend Anwärter sich melden, mit Genehmigung der obersten Reichsbehörde eine Anrechnung von Vordienstzeit, die bei der Reichsverwaltung außerhalb des Beamtenverhältnisses abgeleistet ist, auf das Diätariat stattfinden.

Den Unterbeamten der Reichs-Eisenbahnverwaltung kann mit Zustimmung der obersten Reichsbehörde die außerhalb des Beamtenverhältnisses bei der Verwaltung abgeleistete Vordienstzeit insoweit angerechnet werden, als erforderlich ist, um zu verhindern, daß die Übernahme in das diätarische Beamtenverhältnis für die Beteiligten mit einem Einkommensrückgange verbunden ist.

Für den Fall, daß ausnahmsweise die Vergütung während der Vorbereitungszeit den Anfangssatz der Diäten überstiegen hat, kann die Einweisung in die Diätenstufen mit Zustimmung der obersten Reichsbehörde so erfolgen, daß ein Einnahmeausfall nicht entsteht.

5. Die Dienstalterszulagen sind bis zur Erreichung des Höchstbetrags stets vom Beginne desjenigen Kalendermonats ab zu bewilligen, an dessen erstem Tage die Beamten sich ein volles Jahr oder die sonst in der Anlage angegebene Frist in einer Diätenstufe befunden haben.

   Hat ein Diätar sogleich höhere Diäten erhalten, als gemäß Ziffer 4 Absatz 1 zustehen, so hat er auf der ihm zugewiesenen Stufe so lange zu verbleiben, bis sein Aufsteigen in eine höhere Stufe bei normalmäßiger Einweisung erfolgt wäre.

6. Kein Diätar besitzt auf Diätenerhöhung Anspruch. Die Zulagen werden nur dann bewilligt, wenn der Diätar nach seinen bisherigen dienstlichen Leistungen und seinem gesamten Verhalten einer solchen Berücksichtigung würdig ist.

7. Die für die etatsmäßigen Beamten geltenden Vorschriften über die Abwendung von Gehaltseinbußen bei Versetzungen finden auf Diätare entsprechende Anwendung. Der Übertritt von Militäranwärtern aus einer Diätarstelle in eine andere ist im Sinne dieser Vorschriften dann einer Versetzung aus dienstlichen Gründen gleichzustellen, wenn die Militäranwärter nicht sogleich bei ihrem Ausscheiden aus dem Militärdienst in die andere Diätarstelle (oder in den Vorbereitungsdienst hierzu) mangels Freiseins einer Stelle haben eintreten können.

8. Diese Vorschriften sind auch auf die beim Inkrafttreten der Neuregelung vorhandenen nicht etatsmäßigen Beamten der Reichsverwaltung anzuwenden. Die Einweisung in die Diätenstufen erfolgt nach Maßgabe des Diätariendienstalters, sofern nicht eine der vorstehend gegebenen Sonderbestimmungen für die Beteiligten günstiger ist. Denjenigen Diätaren, welche bereits ein höheres Einkommen an Diäten und Zulagen einschließlich der im Jahre 1908 gewährten einmaligen Beihilfen beziehen, als ihnen nach der neuen Ordnung zusteht, ist dieses zu belassen, bis sie etatsmäßig angestellt werden oder nach den Vorschriften dieser Diätenordnung unter Zugrundelegung ihres Dienstalters in eine höhere Diätenstufe aufsteigen können.

Diätensätze für die nicht etatsmäßigen

1	2					
		Diätensätze vom				
Lfde. Nr.	Beamtengruppe	1.	2.	3.	4.	5.
		Diätariats				
		ℳ	ℳ	ℳ	ℳ	ℳ
	A. Höhere Beamte.					
1.	Assessoren:					
	a) beim Auswärtigen Amte	3000	3300	3600	3900	--
	b) bei der Reichs-Eisenbahnverwaltung	2700	3000	3300	3600	3600
	c) bei den übrigen Verwaltungen	2400	2700	3000	3300	3600
2.	Regierungs-Baumeister, soweit sie nicht der Gruppe 6 angehören	2700	3075	3450	—	—
3.	Betriebsassistenten bei den Technischen Instituten der Militärverwaltung	2600	2800	3000	3200	3300
4.	Hilfsgeistliche bei der Militär- und Marineverwaltung	2400	2600	2800	3000	3200
5.	Wissenschaftliche Hilfslehrer bei der Haupt-Kadettenanstalt	〃	〃	〃	〃	〃
6.	Technische (wissenschaftliche) Hilfsarbeiter bei den dem Reichsamte des Innern nachgeordneten Behörden	〃	〃	〃	〃	〃
	Technische (wissenschaftliche) Hilfsarbeiter bei der Seewarte (z. vgl. B 1)	〃	〃	〃	〃	〃
	Pharmazeutische Hilfsarbeiter	〃	〃	〃	〃	〃
	B. Mittlere Beamte.					
1.	Technische Hilfsarbeiter bei der Seewarte, soweit sie nicht zu der Klasse A 6 gehören	2400	2600	2800	3000	3200
2.	Hilfs-Landmesser bei der Reichs-Eisenbahnbetriebsverwaltung	1800	1950	2100	2250	2400
3.	Meister und Revisoren bei den Technischen Instituten der Militärverwaltung	2250	2300	2350	2400	2450
4.	Kupferstecher und Lithographen bei der Landesaufnahme sowie Hilfskupferstecher beim Reichs-Marineamt und Hilfslithograph beim Reichs-Marineamt und Admiralstabe	2000	2200	2350	2500	—
5.	Bureaudiätare					
	a) beim Auswärtigen Amte, beim Reichs-Kolonialamte, beim Reichs-Justizamt und beim Reichs-Eisenbahnamte	1800	2000	2200	2350	2500

Beamten der Reichsverwaltung.

3						4
Beginne des						
6.	7.	8.	9.	10.	11.	Bemerkungen
jahrs ab						
ℳ	ℳ	ℳ	ℳ	ℳ	ℳ	
—	—	—	—	—	—	Zu a. Vom Eintritt in das Amt ab gerechnet. Nicht hierunter fallen die im Auswärtigen Amt als Hilfsarbeiter beschäftigten Vizekonsuln. Diesen werden Diäten von 4200, 4800, 5400 und 6000 ℳ jährlich gewährt.
3600	3900	—	—	—	—	Zu b und c. Vom Dienstalter als Assessor ab gerechnet. Bei Beschäftigung in den Zentralstellen außerdem eine Zulage, die im ersten Jahre 600 ℳ beträgt und alljährlich um 100 ℳ bis zur Erreichung eines Gesamteinkommens von 5000 ℳ steigt. Die Assessoren bei der Reichs-Eisenbahnbetriebsverwaltung erhalten eine Zulage von 300 ℳ.
3900	—	—	—	—	—	
—	—	—	—	—	—	Vom Dienstalter als Regierungsbaumeister ab gerechnet. Bei der Reichs-Eisenbahnbetriebsverwaltung außerdem eine Zulage von 300 ℳ.
—	—	—	—	—	—	Vom Eintritt in das Amt ab gerechnet.
—	—	—	—	—	—	" " " " " " "
—	—	—	—	—	—	" " " " " "
2550	2700	—	—	—	—	Außerdem 180 ℳ Zulage.
2500	—	—	—	—	—	
—	—	—	—	—	—	
—	—	—	—	—	—	Außerdem eine Ministerialzulage von 360 ℳ.

1 Lfde. Nr.	2 Beamtengruppe	Diätensätze vom 1. M	2. M	3. M	4. M	5. Diätariats M
	b) für Sekretärstellen bei den dem Reichsamte des Innern und dem Reichs-Schatzamte nachgeordneten Behörden (ausgenommen Kanalamt)	Zivilanwärter:				
		1800	2000	2200	2350	2500
	c) bei den Militär-Intendanturen sowie bei dem großen Generalstab und der Landesaufnahme	Militäranwärter:				
		2000	2200	2350	2500	—
	d) bei den Werften e) beim Reichsgericht	1800	2000	2200	2350	2500
	f) für Sekretärstellen beim Kanalamte	Zivilanwärter:				
		1600	1800	2000	2200	—
		Militäranwärter:				
		1800	2000	2200	—	—
6.	Intendantur-Sekretariatsassistenten bei der Marine	Zivilanwärter:				
7.	Hilfstrigonometer, Hilfstopographen und Hilfskartographen bei der Militärverwaltung sowie Hilfskartographen bei der Marine	1800	2000	2200	2350	2500
		Militäranwärter:				
		2000	2200	2350	2500	—
8.	Konstruktionshilfszeichner bei den Technischen Instituten der Militärverwaltung	1800	2000	2200	2350	2500
9.	Technische Praktikanten bei der Reichs-Eisenbahnbetriebsverwaltung	1500	1700	1900	2100	—
10.	Werkmeisterdiätare bei der Reichs-Eisenbahnverwaltung	1500	1650	1800	1900	2000
11.	Bureaudiätare für Sekretariatsassistentenstellen bei den dem Reichsamte des Innern nachgeordneten Behörden (ausgenommen Kanalamt)	Zivilanwärter:				
		1800	1900	2000	2100	2200
		Militäranwärter:				
		1900	2000	2100	2200	—
12.	Hilfszeichner beim Kanalamte	1600	1800	2000	2100	2200
13.	Bureaudiätare für Sekretariatsassistentenstellen beim Kanalamte	Zivilanwärter:				
		1450	1550	1650	1750	—
		Militäranwärter:				
		1550	1650	1750	—	—
14.	Nichttechnische Bureaudiätare, Stationsdiätare, Materialienverwalterdiätare bei der Reichs-Eisenbahnverwaltung	Zivilanwärter mit einer höheren Anwartschaft als derjenigen für eine Etatsstelle mit 1800 M Anfangsgehalt und Militäranwärter:				
		1500	1575	1650	1800	—
		Sonstige Zivilanwärter:				
		1320	1440	1560	1650	1800
	Technische Bureaudiätare, Bahnmeisterdiätare, Telegraphenkontrolleurdiätare bei der Reichs-Eisenbahnverwaltung	1500	1575	1650	1800	—

3						4
Beginne des						
6.	7.	8.	9.	10.	11.	Bemerkungen
jahrs ab						
M	M	M	M	M	M	
—	—	—	—	—	—	
—	—	—	—	—	—	
—	—	—	—	—	—	
—	—	—	—	—	—	
—	—	—	—	—	—	
—	—	—	—	—	—	
—	—	—	—	—	—	
—	—	—	—	—	—	
—	—	—	—	—	—	Außerdem 180 M Zulage.
—	—	—	—	—	—	" " " "
—	—	—	—	—	—	
—	—	—	—	—	—	
—	—	—	—	—	—	
—	—	—	—	—	—	
—	—	—	—	—	—	
—	—	—	—	—	—	" " " "
—	—	—	—	—	—	" " " "
—	—	—	—	—	—	" " " "

1	2					
Lfde. Nr.	Beamtengruppe	Diätensätze vom				
		1.	2.	3.	4.	5.
		Diätariats				
		M	M	M	M	M
		Zivilanwärter:				
		Tagegelder von:				
15.	Post- und Telegraphenassistenten	3,75	4,00	4,25	4,50	4,75
		oder in Jahressummen umgerechnet:				
		1368,75	1460,00	1551,25	1642,50	1733,75
		Militäranwärter:				
		1500	1575	1650	1800	—
16.	Werfthilfstechniker .... Torpedohilfstechniker	1400	1500	1600	1700	1800
17.	Hilfsmechaniker bei der Technisch-Physikalischen Reichsanstalt	1500	1580	1660	1740	1800
18.	Hilfslotsen beim Kanalamte					
		Tagegelder von:				
19.	Telegraphen-Hilfsmechaniker ...... Hilfsmaschinisten ... } bei der Reichs-Post- und Telegraphenverwaltung	4,00	4,25	4,50	—	—
		oder in Jahressummen umgerechnet:				
		1460,00	1551,25	1642,50	—	—
		Tagegelder von:				
20.	Post- und Telegraphengehilfinnen	2,75	2,90	3,05	3,20	3,35
		oder in Jahressummen umgerechnet:				
		1003,75	1058,50	1113,25	1168,00	1222,75
	C. Kanzleibeamte.					
	Kanzleidiätare:					
	a) beim Auswärtigen Amte	1800	2000	2200	2400	2600
	b) bei den anderen Zentralbehörden*) c) bei den dem Reichsamte des Innern und dem Reichs-Schatzamte nachgeordneten Behörden (ausgenommen Kanalamt) .... d) bei dem Großen Generalstab und der Landesaufnahme sowie beim Admiralstabe .... e) beim Reichsgerichte	1600	1800	2000	2100	2200
	f) beim Kanalamte ... . g) bei den Intendanturen (Heer und Marine)	1450	1550	1650	1750	—
	h) bei der Reichs-Eisenbahnbetriebsverwaltung	1500	1575	1650	—	—
	D. Unterbeamte.					
1.	Hilfswerkführer bei der Marine	1650	1700	1750	1800	1850

3						4
Beginne des						
6.	7.	8.	9.	10.	11.	Bemerkungen
jahrs ab						
ℳ	ℳ	ℳ	ℳ	ℳ	ℳ	
5,00	—	—	—	—	—	
1825,00	—	—	—	—	—	
—	—	—	—	—	—	
1900	2000	2100	2200	2300	2400	
—	—	—	—	—	—	
—	—	—	—	—	—	
—	—	—	—	—	—	
3,50	3,65	3,80	—	—	—	
1277,50	1332,25	1387,00	—	—	—	
—	—	—	—	—	—	*) Die Diätenfestsetzung für diese Gruppe hat nur insoweit Bedeutung, als der Grundsatz noch nicht durchgeführt ist, daß die Stellen der Kanzleibeamten bei den Zentralbehörden als Beförderungsstellen gelten sollen.
—	—	—	—	—	—	
—	—	—	—	—	—	
—	—	—	—	—	—	Außerdem 180 ℳ Zulage.
1900	1950	2000	—	—	—	Den aus den Arbeitern der Marineverwaltung hervorgegangenen Hilfswerkführern können erhöhte Diäten bis zum Jahresbetrage von 2400 ℳ gewährt werden, wenn der Werkführer im Arbeitsverhältnisse bereits mehr als 2000 ℳ an Lohn jährlich bezogen hat oder beim weiteren Verbleiben im Arbeitsverhältnis unter normaler

1	2					
Lfde. Nr.	Beamtengruppe	Diätensätze vom				
		1.	2.	3.	4.	5.
		Diätariats				
		ℳ	ℳ	ℳ	ℳ	ℳ
2.	Drucker und Photographen bei der Landesaufnahme	1650	1750	1850	—	—
3.	Hilfsmaschinisten beim Kanalamte	1400	1550	1700	—	—
4.	Telegraphendiätare, Steuermann-Anwärter, Maschinistenassistenten-Anwärter } beim Kanalamte	} 1350	1425	1500	—	—
5.	Hilfsbrückenwärter, Magazinhilfsaufseher, Lotsenaspiranten } bei der Marineverwaltung					
6.	Hilfskanzleidiener und Hilfshausdiener bei den Zentralbehörden	} 1300	1400	1500	—	—
7.	Hilfsdrucker beim Auswärtigen Amte und Reichs-Kolonialamte					
8.	Werkführerdiätare, Lademeisterdiätare, Schirrmeisterdiätare, Wagenmeisterdiätare, Maschinenwärterdiätare } bei der Reichs-Eisenbahnverwaltung	1200	1300	1400	—	—
9.	Technische Gehilfen bei der Landesaufnahme	1200	1300	1400	—	—
10.	Hilfskanzleidiener bei den dem Reichsamte des Innern und dem Reichs-Schatzamte nachgeordneten Behörden	} 1250	1300	1350	—	—
	Hilfskanzleidiener und Hilfsdrucker beim Admiralstabe					
	Hilfskanzleidiener beim Kanalamte	1100	1150	1200	—	—
11.	Lokomotivheizer-Diätare, Fahrkarten- u. Steindrucker-Diätare, Magazinaufseher-Diätare, Bureau- und Hauptkassendiener-Diätare } bei der Reichseisenbahnverwaltung	1100	1150	1200	—	—
12.	Weichensteller-Diätare, Wagenwärter-Diätare, Rottenführer-Diätare, Bahnsteigschaffner-Diätare, Schaffner-Diätare, Bremser-Diätare, Schirrmänner-Diätare, Portiers-Diätare, Bahnwärter-Diätare, Nachtwächter-Diätare } bei der Reichseisenbahnverwaltung	1000	1050	1100	—	—

3						4
Beginne des						
6.	7.	8.	9.	10.	11.	Bemerkungen
jahrs ab						
M	M	M	M	M	M	
						Aufrückung einen derartigen Lohn erhalten haben würde. Auch kann bei Ernennung eines Arbeiters zum Hilfswerkführer die Einweisung sogleich in diejenige Diätenstufe erfolgen, die seinem durchschnittlichen Jahresarbeitsverdienst in den letzten drei Jahren entspricht; jedoch darf der Anfangssatz nicht höher als auf 2100 M festgesetzt werden.
—	—	—	—	—	—	
—	—	—	—	—	—	
—	—	—	—	—	—	
—	—	—	—	—	—	
—	—	—	—	—	—	Außerdem 90 M Zulage.
—	—	—	—	—	—	
—	—	—	—	—	—	
—	—	—	—	—	—	
—	—	—	—	—	—	" " " "
—	—	—	—	—	—	" " " "

1	2					
Lfde. Nr.	Beamtengruppe	Diätensätze vom				
		1.	2.	3.	4.	5.
		Diätariats				
		M	M	M	M	M
13.	Postboten und Postillione der reichseigenen Posthaltereien	Tagegeldsätze von 2 bis 3 M (je nach den Alterszulagen von				
14.	Telegraphenvorarbeiter	Die Sätze der Postboten und daneben zum schäftigung im Telegraphenbau einen Zu- währung eines Zehrgeldes zu vgl. die Gesetzbl. S. 491)				
15.	Fahrkartenausgeberinnen .... Telegraphengehilfinnen.......... } bei der Reichseisenbahnverwaltung	840	960	1080	1200	—

b) Preußische Staatsverwaltung.

A. Höhere und andere wissenschaftlich vorgebildete Beamte.

1. Regierungsassessoren bei der allgemeinen Verwaltung (einschl. der Polizeiverw.): nach dem Assessordienstalter gerechnet: im 1. Jahre Tagegelder von monatlich 180 M (jährlich 2160 M), dann fixierte Diäten, und zwar: im 2. Jahre 2400 M, im 3. Jahre 2700 M, im 4. Jahre 3000 M, im 5. Jahre 3300 M, im 6. Jahre 3600 M, im 7. Jahre 3900 M, vom 8. Jahre ab 4200 M.

2. Gerichtsassessoren: a) Nichtständige Hilfsarbeiter bei den Staatsanwaltschaften und Hilfsrichter, b) Ständige Hilfsarbeiter bei den Staatsanwaltschaften: nach dem Assessordienstalter gerechnet:

a) Kommissionsdiäten im 1. Jahre nach dem Satze von monatlich 200 M (jährlich 2400 M), im 2. und 3. Jahre desgl. von monatlich 225 M (jährlich 2700 M), im 4. Jahre desgl. monatlich 250 M (jährlich 3000 M), vom 5. Jahre ab desgl. monatlich 275 M (jährlich 3300 M).

b) Fixierte Diäten nach denselben Sätzen.

3. Assessoren bei der Verwaltung der direkten Steuern sowie bei der Verwaltung der Zölle und indirekten Steuern: nach dem Assessordienstalter gerechnet: im 1. Jahre 2700 M, im 2. Jahre 3000 M, im 3. Jahre 3300 M, vom 4. Jahre ab 3600 M.

4. Assessoren bei der Staatseisenbahnverw.: nach dem Assessordienstalter gerechnet: im 1. Jahre 2700 M, im 2. Jahre 3000 M, im 3. Jahre 3300 M, vom 4. bis 6. Jahre 3600 M, vom 7. Jahre ab 3900 M.

5. Juristisch vorgebildete Assessoren bei der Berg-, Hütten- und Salinenverw.: nach dem Assessordienstalter gerechnet: im 1. Jahre 2700 M, im 2. Jahre 3000 M, im 3. Jahre 3300 M, im 4. und 5. Jahre 3600 M, vom 6. Jahre ab 3900 M.

6. a) Assessoren bei der Ansiedlungskommission, b) Assessoren bei den Konsistorien, c) Juristische Hilfsarbeiter bei den Provinzialschulkollegien: nach dem Assessordienstalter gerechnet: im 1. Jahre 2400 M, im 2. Jahre 2700 M, im 3. Jahre 3000 M, im 4. Jahre 3300 M, im 5. Jahre 3600 M, im 6. Jahre 3900 M, vom 7. Jahre ab 4200 M.

3						4
Beginne des						
6.	7.	8.	9.	10.	11.	Bemerkungen
jahrs ab						
M	M	M	M	M	M	
Teuerungsverhältnissen der Orte) und 8jährliche je 10 Pf. für den Tag.						
Ausgleiche für besondere Aufwendungen bei der Beschuß von 1,50 M für den Tag. [Wegen der Ge- Kaiserliche Verordnung vom 27. Juni 1894 (Reichs- § 3.a letzter Absatz.]						
—	—	—	—	—	—	

7. a) Regierungsbaumeister der Staatseisenbahnverw., der allgemeinen Bauverw., bei der Ansiedlungskommission, bei den Generalkommissionen, bei den Landesmeliorationen nach dem Dienstalter als Baumeister: im 1. Jahre 2700 M, im 2. Jahre 3075 M, vom 3. Jahre ab 3450 M. (Die Unwiderruflichkeit der Anstellung erfolgt nach einer zweijährigen Staatsdienstzeit, vom Tage des Anstellungsdienstalters an gerechnet. Vor dem Beginne der Beschäftigung im Staatsdienste liegende Zeiten sind nur anrechnungsfähig, wenn ein staatliches Interesse an der anderweitigen Beschäftigung anerkannt werden kann.) (Regierungs **bauführer** bei der Eisenbahnverw. und bei der Bauverw. können in dem bisherigen Umfange eine Tagesbesoldung von 6 M erhalten.)

7. b) Gewerbeassessoren (Hilfsarbeiter bei den Gewerbeinspektionen): nach dem Assessordienstalter gerechnet: im 1. Jahre 2700 M, im 2. Jahre 3075 M, vom 3. Jahre ab 3450 M.

8. Technisch vorgebildete Bergassessoren: nach der Ernennung zum Assessor:

	in den Bergrevieren M	bei den Staatswerken, Bergwerksdirektionen und Oberbergämtern M
in den ersten 2 Jahren Kommissionsdiäten...	monatl. 150 (jährl. 1800)	monatl. 200 (jährl. 2400)
dann fixierte Diäten und zwar		
im 3. Jahre..........................	2100	2700
im 4. Jahre..........................	2400	3000
im 5. Jahre..........................	2700	3300
vom 6. Jahre ab	3000	3450

9. Forstassessoren: im 1. Jahre Tagegelder von monatlich 180 Mark (jährlich 2160 M), im 2. Jahre Tagegelder von monatlich 200 M (jährlich 2400 M), dann fixierte Diäten und zwar: im 3. Jahre 2700 M, im 4. Jahre 3000 M, vom 5. Jahre ab 3300 M.

10. Assessoren und Landwirte bei den Generalkommissionen, die sich zum Spezialkommissar vorbereiten: im 1. Jahre 2100 M, im 2. Jahre 2325 M, im 3. Jahre 2550 M, im 4. Jahre 2775 M, vom 5. Jahre ab 3000 M.

(Die Landwirte treten erst nach Ablegung der Prüfung zum Ökonomiekommissar, etwa nach 3- bis 4 jähriger Beschäftigung im unmittelbaren Staatsdienst, in den Genuß von Diäten, wenngleich ihnen vom zweiten Dienstjahre ab eine „Beihilfe" nach Maßgabe der hierfür im Etat bereitgestellten Mittel gewährt werden kann.)

11. Wissenschaftliche Hilfslehrer (einschl. der „Fliegenden") bei den höheren Unterrichtsanstalten, Hilfsbibliothekare bei den Universitätsbibliotheken, bei der Königlichen Bibliothek in Berlin und Wissenschaftlicher Hilfsarbeiter bei der Akademischen Auskunftsstelle in Berlin: im 1. Jahre 2100 M, im 2. Jahre 2400 M, im 3. und 4. Jahre 2700 M, vom 5. Jahre ab 3000 M.

(Wegen Berechnung des Dienstalters der Hilfslehrer vergl. § 3 des Normaletats.)

12. Technische Hilfsarbeiter beim Aeronautischen Observatorium: 1800—2000 M.

13. Archivassistenten bei der Verwaltung der Staatsarchive: 1200 M während des Probejahrs, nach dessen Ablauf im 1. Jahre 2100 M, im 2. Jahre 2400 M, im 3. und 4. Jahre 2700 M, vom 5. Jahre ab 3000 M.

14. Wissenschaftlich-technische Hilfsarbeiter beim Kaiser-Wilhelms-Institut für Landwirtschaft in Bromberg: höchstens 3900 M, im Durchschnitt 3300 M.

15. Wissenschaftlich-technische Gehilfen beim Kaiser-Wilhelms-Institut für Landwirtschaft in Bromberg: höchstens 2400 M.

16. Wissenschaftliche Hilfsarbeiter beim Geodätischen Institut, bei dem Meteorologischen Institut und dem Astrophysikalischen Observatorium: im 1. Jahre 2100 M, im 2. Jahre 2400 M, im dritten Jahre 2700 M, im 4. Jahre 2700 M, vom 5. Jahre ab 3000 M.

17. Kreisassistenzärzte: im Durchschnitt 2000 M.

18. Erste Apotheker bei den klinischen Anstalten in Breslau und dem Charitékrankenhaus in Berlin: 2500 M.

19. Oberassistenten bei den psychiatrischen Kliniken in Halle und Kiel sowie der Assistent des Neurobiologischen Laboratoriums beim Physiologischen Institut der Universität Berlin: 2400 M.

20. Assistent beim Anatomischen Institut der Universität Berlin: 3200 M (1000 M künftig wegfallend).

21. Oberassistenten bei den Psychiatrischen Kliniken in Greifswald und Breslau sowie bei sonstigen Universitätskliniken und Prosektoren bei den anatomischen Universitätsinstituten, der Prosektor (Assistent) beim Anatomischen und Zoologischen Institut in Münster, je ein Assistent am Pharmazeutischen Institut in Berlin, am Zoologischen Institut in Berlin, am Institut für landwirtschaftliche Pflanzenreproduktionslehre in Breslau, an der Sternwarte in Kiel und am Pharmazeutisch-chemischen Institut in Marburg sowie der zweite Apotheker beim Charitékrankenhaus in Berlin: 2200 M.

22. Erste Assistenten bei den psychiatrischen Kliniken in Greifswald, Breslau, Halle und Kiel: 1800 M.

23. Erste Assistenten bei den Universitäts-Augenkliniken und bei den größeren naturwissenschaftlichen Universitätsinstituten: 1500 M, steigend jährlich um 100 M, nach 5 Jahren auf 2000 M.

24. Sonstige Assistenten bei den naturwissenschaftlichen, humanistischen und medizinischen Universitätsinstituten sowie beim chemischen Institut der Universität in Bonn und sonstige Assistenten bei den psychiatrischen Kliniken in Greifswald, Breslau, Halle und Kiel sowie der dritte Apotheker bei den klinischen Anstalten in Breslau: 1500 M.

(Im Einzelfalle Erhöhung auf den Höchstsatz von 2000 M aus Kap. 119 Tit. 14a des Etats der geistlichen usw. Verwaltung.)

25. Zweiter Apotheker bei den klinischen Anstalten in Breslau und dritter Apotheker beim Charitékrankenhaus in Berlin: 1800 M.

26. Assistenten bei der Universitäts-Frauenklinik und bei der Kinderpoliklinik in Berlin sowie bei der Sternwarte der Universität Königsberg und ein Rechner an der Sternwarte der Universität Kiel: Einzelsätze von 600 M, von 900 M, von 1000 M, von 1500 M, von 1650 M.

27. Chemiker bei den landwirtschaftlichen Universitätsinstituten in Königsberg und Göttingen, Hebammenlehrer bei der Universitäts-Frauenklinik in Königsberg, Assistent beim Hygienischen Institut der Universität Breslau und Assistent beim Landwirtschaftlich-Bakteriologischen Institut der Universität Göttingen: 2000 M.

28. Lektoren usw. bei Universitäten: Einzelsätze von 600 bis 1800 M.

29. Assistenten bei der Technischen Hochschule in Hannover: im Durchschnitt 1600 M.

30. Assistenten beim Institut für Infektionskrankheiten in Berlin: im 1. Jahre 1500 M, im 2. Jahre 1600 M, im 3. Jahre 1700 M, im 4. Jahre 1800 M, im 5. Jahre 1900 M, im 6. Jahre 2000 M.

31. Assistenten beim Institut für experimentelle Therapie in Frankfurt a. M.: 1500 M.

32. Tierärztlicher Assistent daselbst: 1500 M.

33. Assistenten beim Hygienischen Institut in Posen: 1800 bis 2400 M, im Durchschnitt 2100 M.

34. Assistenten beim Hygienischen Institut in Beuthen (Oberschlesien): wie Nr. 33.

35. Chemiker daselbst: 3300 M.

36. Prosektoren, Apotheker und Repetitoren bei den Tierärztlichen Hochschulen: im Durchschnitt 1800 M, außerdem freie Wohnung, Heizung und Beleuchtung oder 400 M Entschädigung dafür.

37. Assistenten bei den höheren Lehranstalten der landwirtschaftlichen Verw.: im Durchschnitt 1200 M bei freier Wohnung, Heizung und Beleuchtung, im Durchschnitt 1500 M, falls Wohnung nicht gewährt wird, nicht mehr als 1700 M bezw. 2000 M.

38. Assistenten am Institut für Binnenfischerei am Müggelsee: wie Nr. 37.

39. Assistent an der Biologischen Anstalt auf Helgoland: 2400 M.

40. Hilfschemiker und Hilfsgeologen bei der Bergakademie und der Geologischen Landesanstalt in Berlin: 1800—3000 M, im Durchschnitt 2400 M.

41. Assistenten daselbst: im Durchschnitt 1600 M bezw. 1800 M.

42. Assistenten und Hilfschemiker bei der Bergakademie in Clausthal: im Durchschnitt 2100 M.

43. Rechner beim Meteorologischen Institut: 1800 M.

B. Anwärter für mittlere Beamtenstellen.

Die bei der Eisenbahnverwaltung beschäftigten Aspiranten beziehen die Anfangsbesoldung der entsprechenden Diätenklasse. Landmessern bei der Eisenbahnverw., bau- und maschinentechnischen Anwärtern auf Stellen technischer Eisenbahnsekretäre und technischer Bureauassistenten kann sogleich der Satz einer höheren Besoldungsstufe bewilligt werden. — Vergl. XII, II Ziffer 82 c der Finanzordnung der Preußischen Staatseisenbahnverwaltung.

44. Anwärter für etatsmäßige Stellen mit einem Anfangsgehalt von 1650 M.

a) Bahnmeisterdiätare, technische Bureaudiätare bei der Eisenbahnverw.: im 1. Jahre 1500 M, im 2. Jahre 1575 M, im dritten Jahre 1650 M;

b) Hilfsarbeiter im Bureau- und Kassendienst usw. in den Bergrevieren, bei der Eisenbahnverw. (einschl. Stationsdiätare) — kommissarische Eisenbahnassistenten —, bei den Hafenpolizeiverw., bei den Landgerichten, Amtsgerichten und den Gerichtsgefängnissen, bei der Strafanstaltsverw., bei den staatlichen Polizeiverw., bei den Spezialkommissionen: Zivilanwärter: im 1. Jahre 1320 M, im 2. Jahre 1440 M, im 3. Jahre 1560 Mark, vom 4. Jahre ab 1650 M; Militäranwärter: im 1. Jahre 1500 M, im 2. Jahre 1575 M und vom 3. Jahre ab 1650 M; bei den Gefängnissen der Justizverwaltung werden im 1. Jahre 1500 M und vom 2. Jahre ab 1650 M gewährt, ferner bei der Strafanstaltsverw. im 1. Jahre 1500 M, im 2. Jahre 1650 M und vom 3. Jahre ab 1800 M.

c) Technische Bureauhilfsarbeiter bei der allgemeinen Bauverw.: im 1. Jahre 1320 M, im 2. Jahre 1440 M, im 3. Jahre 1560 M, vom 4. Jahre ab 1650 M.

d) Obergehilfen beim Botanischen Garten der Universität Berlin: im Durchschnitt 1650 M.

45. Anwärter für etatsmäßige Stellen mit einem Anfangsgehalt von 1800 M.

Bausupernumerare bei der allgemeinen Bauverw.: im 1. Jahre 1500 M, im 2. Jahre 1650 M und vom 3. Jahre ab 1800 M (nach Beendigung des Vorbereitungsdienstes). (Die Bausupernumerare bei der Bauverw. erhalten während ihres Vorbereitungsdienstes feste Vergütungen, und zwar für die ersten beiden Jahre künftig 1320 M, für das dritte Jahr 1440 M.)

Diätarische Meliorationsbauwarte bei den Generalkommissionen, bei den Landesmeliorationen: im 1. Jahre 1500 M, im 2. Jahre 1650 M und vom 3. Jahre ab 1800 M.

Hilfsarbeiter im Bureau- und Kassendienst usw. bei den Bergwerken, Hütten, Salzwerken, Badeanstalten und den Gemeinschaftswerken, bei den staatlichen Eichämtern, (Bureaubeamte, Eichmeistergehilfen), bei den Oberlandesgerichten, Landgerichten und Amtsgerichten, bei den staatlichen Polizeiverw. (einschl. der Telegraphenanwärter in Berlin): Zivilanwärter: im 1. Jahre 1500 M, im 2. Jahre 1620 M, im 3. Jahre 1710 M, vom 4. Jahre ab 1800 M; Militäranwärter: im 1. Jahre 1620 M, im 2. Jahre 1710 M, vom 3. Jahre ab 1800 M. — Ein Bureaubeamter bei der Justizverwaltung auf Helgoland bezieht 2400 M.

46. Anwärter für etatsmäßige Stellen mit einem Anfangsgehalt von 2000 M.

a) Ständige Hilfsarbeiter im Bureau- und Kassendienste bei der Verw. der Zölle und indirekten Steuern (Zollpraktikanten), ständiger Hilfsarbeiter beim Hauptstempelmagazin und sonstige Hilfsarbeiter (Gerichtsaktuare): Zivilanwärter: im 1. Jahre 1500, im 2. Jahre 1650, im 3. Jahre 1800, im 4. Jahre 1900, vom 5. Jahre ab 2000 M; Militäranwärter: im 1. Jahre 1650, im 2. Jahre 1800, im 3. Jahre 1900, vom 4. Jahre ab 2000 M.

b) Werkmeisterdiätare (Werkmeisterassistenten) bei der Eisenbahnverw.: desgl.

c) Eisenbahnpraktikanten bei der Eisenbahnverw.: desgl.

47. Anwärter für etatsmäßige Stellen mit einem Anfangsgehalt von 2100 M.

a) Ständige Hilfsarbeiter im Bureau- und Kassendienste: bei der Verw. der direkten Steuern, bei den Bergwerksdirektionen, den Oberbergämtern und der Geologischen Landesanstalt in Berlin, bei der Eisenbahnverw. (Eisenbahnbureaudiätare 1. Klasse, soweit noch vorhanden), bei der Seehandlung, bei der Hauptverw. der Staatsschulden, bei der Generalordenskommission, bei dem Reichs- und Staatsanzeiger, bei der Ansiedlungskommission, bei den Oberpräsidien und Regierungen usw., bei den Rentenbanken, bei dem Statistischen Landesamt, bei den landrätlichen Behörden, bei der Polizeiverw. in Berlin und Umgebung, bei den Generalkommissionen, bei den landwirtschaftlichen Lehranstalten in Geisenheim und Proskau, bei der Landwirtschaftlichen Hochschule in Berlin und der Landwirtschaftlichen Akademie in Bonn-Poppelsdorf, bei den landwirtschaftlichen Lehranstalten und dem Kaiser-Wilhelms-Institut für Landwirtschaft in Bromberg, bei den Tierärztlichen Hochschulen, bei den Konsistorien, bei den Provinzialschulkollegien: Zivilanwärter: im 1. Jahre 1500, im 2. Jahre 1650, im 3. Jahre 1800, im 4. Jahre 1950, vom 5. Jahre ab 2100 M; Militäranwärter: im 1. Jahre 1650, im 2. Jahre 1800, im 3. Jahre 1950, vom 4. Jahre ab 2100 M.

b) bei den Universitäten, bei dem Charitékrankenhaus in Berlin, bei den Kunstmuseen, bei dem Meteorologischen Institut in Berlin, bei der Akademie der Künste in Berlin, bei den technischen Hochschulen, bei dem Materialprüfungsamt in Dahlem, bei der Versuchs- und Prüfungsanstalt für Wasserversorgung in Berlin: im Durchschnitt 1800 M.

c) Zeichengehilfen bei der Bergakademie und der Geologischen Landesanstalt in Berlin: im 1. Jahre 1650 M, im 2. Jahre 1800 M, im 3. Jahre 1950 M, vom 4. Jahre ab 2100 M.

d) Technische Praktikanten bei der Eisenbahnverw.: im 1. Jahre 1500 M, im 2. Jahre 1710 M, im 3. Jahre 1920 M, im 4. Jahre 2100 M.

e) Navigationsschulaspiranten: im 1. Jahre 1500 M, im 2. Jahre 1650 M, im 3. Jahre 1800 M, im 4. Jahre 1950 M, vom 5. Jahre ab 2100 M.

48. Anwärter für etatsmäßige Stellen mit einem Anfangsgehalt von 2700 M.

Katasterlandmesser bei der Verw. der direkten Steuern, Landmesser bei der Eisenbahnverw., Vermessungsbeamte bei den Generalkommissionen, Landmesser bei der Ansiedlungskommission, Amtsanwaltsanwärter bei der Justizverw.: im 1. Jahre 1800 M, im 2. Jahre 1950 M, im 3. Jahre 2100 M, im 4. Jahre 2250 M, im 5. Jahre 2400 M, im 6. Jahre 2550 M, vom 7. Jahre ab 2700 M.

49. Anwärter für etatsmäßige Stellen mit einem Anfangsgehalt von 3000 M.

Ständiger Bureauhilfsarbeiter beim Hause der Abgeordneten: bis 3500 M.

Polizeianwärter bei der Polizeiverw. in Berlin und Umgebung: im 1. Jahre 1500 M, im 2. Jahre 1800 M, im 3. Jahre 2100 M, im 4. Jahre 2400 M, im 5. Jahre 2700 M, vom 6. Jahre ab 3000 M.

50. Techniker beim Materialprüfungsamt in Dahlem: 1500 M, steigend in 21 Jahren auf 3000 M, und zwar 1 mal um 300 M und 6 mal um 200 M.

51. Assistenten daselbst: 1200 M, steigend in 8 Jahren um je 75 M auf 1800 M; 2100 M, steigend in 21 Jahren auf 4200 M, und zwar 7 mal um 300 M; 1800 M, steigend in 8 Jahren um je 150 M auf 3000 M.

C. Kanzleidiätare.

52. Bei den Bergwerken, Hütten, Salzwerken, Badeanstalten und Gemeinschaftswerken, bei den Landgerichten und Amtsgerichten, bei den Polizeiverw. in den Provinzen, bei den technischen Hochschulen, bei dem Materialprüfungsamt in Dahlem: im 1. Jahre 1500 M, im 2. Jahre 1575 M, vom 3. Jahre ab 1650 M.

53. Bei der Verw. der direkten Steuern, bei der Verw. der Zölle und indirekten Steuern, bei den Bergwerksdirektoren, bei den Oberbergämtern und der Geologischen Landesanstalt in Berlin, bei der Eisenbahnverw.: bei der Ansiedlungskommission, bei den Oberpräsidien und Regierungen usw., bei den Rentenbanken, bei den Oberlandesgerichten, bei der Polizeiverw. in Berlin und Umgebung, bei den Generalkommissionen, bei den Konsistorien, bei den Provinzialschulkollegien: wie Nr. 52.

54. Bei der Seehandlung, bei der Generalordenskommission, bei dem Oberverwaltungsgericht: im 1. Jahre 1650 M, im 2. Jahre 1725 M, vom 3. Jahre ab 1800 M.

D. Zeichner.

55. Hilfszeichner in den Katasterbureaus bei der Verw. der direkten Steuern, Zeichneranwärter und Zeichnergehilfen bei den Oberbergämtern, Hilfszeichner bei der Ansiedlungskommission, Hilfszeichner bei den Generalkommissionen: im 1. Jahre 1500 M, im 2. Jahre 1575 M, im 3. Jahre 1650 M.

E. Unterbeamte.

Anwärtern, die bereits eine etatsmäßige Stelle bekleidet haben, — Schutzmänner und Gendarmen — können nach Maßgabe ihrer früheren Diensteinkünfte höhere Diätensätze bis zum Jahresbetrage von 1620 M bewilligt werden.

56. Hilfsaufseherinnen bei den Gefängnissen der Landgerichte und Amtsgerichte und bei den besonderen Gefängnissen der Justizverw. sowie bei der Strafanstaltsverw.: im 1. Jahre 840 M, vom 2. Jahre ab 960 M; für die Hilfsaufseherinnen bei der Justizverw. außerdem freie Dienstwohnung oder eine Erhöhung der Diäten um den Betrag des Wohnungsgeldzuschusses für Aufseherinnen.

57. Eisenbahnanwärterinnen: im 1. Jahre 840 M, im 2. Jahre 960 M, im 3. Jahre 1080 M.

58. Diätarischer Diener beim Institut für Binnenfischerei am Müggelsee: 1000 M.

59. **Anwärter für etatsmäßige Stellen mit einem Anfangsgehalt von 1200 M.**

Bei der Ansiedlungskommission, bei den Oberpräsidien und Regierungen usw., bei den Oberlandesgerichten, Landgerichten und Amtsgerichten und den besonderen Gefängnissen der Justizverw., bei der Strafanstaltsverw., bei den Generalkommissionen, bei der Landwirtschaftlichen Hochschule in Berlin, bei den Konsistorien, bei den Provinzialschulkollegien, bei den Universitäten, bei der Königlichen Bibliothek in Berlin, bei den technischen Hochschulen und dem Materialprüfungsamt in Dahlem, bei dem Hygienischen Institut in Posen: im 1. Jahre 1110 M, im 2. Jahre 1155 M, vom 3. Jahre ab 1200 M; für die Hilfsaufseher bei den Strafanstalten und den Gefängnissen außerdem freie Dienstwohnung oder eine Erhöhung der Diäten um den Betrag der Mietsentschädigung für Gefangenaufseher.

60. **Anwärter für etatsmäßige Stellen mit einem Anfangsgehalt von 1400 M.**

Unterbeamte bei den Zentralbehörden: im 1. Jahre 1200 M, im 2. Jahre 1320 M, vom 3. Jahre ab 1410 M.

Forsthilfsaufseher, Forstaufseher bei den Forstakademien, Forstaufseher bei der Universität Greifswald: im 4., 5. und 6. Dienstjahre täglich 2,50 M (jährlich 900 M), im 7. bis zum 9. Dienstjahr tägl. 3 M (jährlich 1080 M), im 10. bis zum 12. Dienstjahre monatl. 100 M (jährl. 1200 M), im 13. bis zum 15. Dienstjahre monatl. 110 M (jährl. 1320 M), vom 16. bis zum 18. Dienstjahre monatl. 117,50 M (jährl. 1410 M), vom 19. Dienstjahre ab monatl. 125 M (jährl. 1500 M). — Den mit Betriebsregelungsarbeiten beschäftigten Aufsehern und den Forstaufsehern bei den Forstakademien kann ein um 1 M erhöhtes Tagegeld bewilligt werden, soweit der Höchstdiätensatz von 1550 M nicht überschritten wird. — Forsthilfsaufsehern, welche als Einjährig-Freiwillige gedient haben, kann die Vergütung von 2 M 50 Pf. täglich schon vom 2. Dienstjahr ab gewährt werden.

Wagenmeisterdiätare, Lademeisterdiätare, Schirrmeisterdiätare: im 1. Jahre 1200 Mark, im 2. Jahre 1320 M, vom 3. Jahre ab 1410 M.

Werkführerdiätare bei der Eisenbahnverw.: 1410 M.

F. Sonstige diätarisch beschäftigte Beamten.

61. Ständige Aufseher und Hilfsaufseher für die Fischerei in den fiskalischen masurischen Gewässern des Regierungsbezirkes Allenstein (Domänenverw.): im Durchschnitt 1000 M.

62. Schreiber bei der Strafanstaltsverw.: 1000—1500 M.

63. Schreiberinnen daselbst: 900—1200 M.

64. Hochbautechnische Hilfsarbeiter und maschinenbautechnischer Hilfsarbeiter bei der Ansiedlungskommission: im 1. Jahre 1500 M, im 2. Jahre 1650 M, vom 3. Jahre ab 1800 M.

65. Schreibgehilfen beim Kaiser-Wilhelm-Institute für Landwirtschaft in Bromberg und bei der Lehranstalt in Geisenheim: höchstens 1350 M.

IV. Jahressätze an Wohnungsgeldzuschuß.

a) Reichsverwaltung.

Ortsklasse	Jahresbetrag für Tarifklasse					
	I Mark	II Mark	III Mark	IV Mark	V Mark	VI Mark
A	2100	1680	1300	570	800	480
B	1680	1260	920	440	630	360
C	1260	1020	800	360	520	290
D	1080	900	720	300	450	220
E	900	810	630	220	330	150
Pensionsfähig	1404	1134	874	378	546	300

b) Preußische Staatsverwaltung.

Bezeichnung der Beamten	Jahresbetrag des Wohnungsgeldzuschusses in den Orten der Ortsklasse					Pensionsfähiger Durchschnittssatz
	A	B	C	D	E	
I. Beamte der 1. Rangklasse	2000	1600	1200	960	800	1312
II. Beamte der 2. und 3. Rangklasse ..	1600	1200	960	800	720	1056
III. Beamte der 4. und 5. Rangklasse ..	1200	880	720	640	560	800
IV. Beamte, welche zwischen den Beamten der 5. Rangklasse und den Subalternen der Provinzialbehörden rangieren, Subalternbeamte 2. Klasse bei den Zentralbehörden, Subalternbeamte bei den Provinzial- und Lokalbehörden	720	580	480	400	290	495
V. Unterbeamte	480	360	290	220	150	300

V. Ortsklasseneinteilung.

(Der Buchstabe bedeutet die Reichs- und die Ziffer die preußische Ortsklasse.)

	Ortsklasse	
A		
Aachen	B	I
Aalen	D	
Achern	D	
Adelnau	D	IV
Adlershof b. Berlin	C	III
Adorf i. Vogtland	C	
Ahlbeck (Seebad)	D	IV
Ahlen	D	IV
Ahrensburg	D	IV
Ahrweiler	D	IV
Alfeld	D	IV
Algringen	D	
Allenstein	C	II
Alsfeld	D	
Alstaden	D	IV
Alt-Breisach s. Breisach		
Altdamm	D	III
Altena i. Westfalen	C	II
Altenbochum	D	IV
Altenburg	C	
Altenessen	D	II
Altenkirchen i. Westerw.	D	IV
Altenvörde s. Vörde		
Alt-Glienicke	D	III
Altheikendorf	D	IV
Alt-Landsberg	D	IV
Altona	B	A
Alt-Rahlstedt	D	IV
Altwasser	D	III
Alzey	D	
Amberg	D	
Andernach	D	IV
Angerburg	D	IV
Angermünde	D	III
Anklam	D	III
Annaberg (Oberschl.)	C	IV
Annen-Wullen	D	IV
Ansbach	D	
Anzelingen	D	
Apenrade	D	III
Apolda	D	II
Appenweier	D	
Argenau	D	IV
Arnsberg	D	II
Arnstadt	D	II
Arnswalde	D	IV
Arolsen	D	III
Artern	D	IV
Arys	D	III
Asbach	D	IV
Aschaffenburg	C	
Aschersleben	D	II
Atens	D	
Attendorn	D	IV
Aue	D	
Auerbach i. Vogtland	D	
Augsburg	C	
Augustenburg	D	IV
Aumetz	D	
Aumund	D	IV
Aurich	D	III
B		
Babenhausen	D	III
Baden (Baden)	B	
Badisch-Rheinfelden (Ldg. Stollingen)	D	
Balingen	D	
Ballenstedt	D	IV
Bamberg	C	
Ban-St. Martin	C	
Bansin (Seebad)	D	IV
Bant	B	
Barmen	B	I
Barop	D	IV
Bartenstein	C	III
Barth	D	III
Basel	C	
Bautzen	D	
Bayreuth	D	
Beeskow	D	III
Belgard	D	III
Belzig	D	IV
Benrath	D	IV
Bensberg	D	III
Bensheim	D	II
Bentheim	D	
Bentschen	D	IV
Berent	D	IV
Bergedorf	C	III
Bergen (Bez. Kassel)	D	IV
Bergen auf Rügen	D	III
Bergheim a. d. Sieg	D	IV
Bergisch Gladbach	D	III
Berleburg	D	IV
Berlin	A	A
Berlinchen	D	IV
Bernau	D	III
Bernburg	D	II
Bernkastel-Cues	D	III
Bettembourg	D	
Bernstadt in Schlesien	D	III
Betzdorf	D	IV
Beuel s. Vilich		
Beuthen i. Oberschl.	B	I
Bialla	D	IV
Biberach	D	
Biebrich	C	II
Bielefeld	C	I
Bielschowitz	D	IV
Biesdorf	D	III
Bildstock s. Friedrichsth.		

	Ortsklasse	
Bingen	C	II
Bingerbrück	D	II
Birkenfeld	D	IV
Birkenthal (fr. Brzezinka)	D	IV
Birkenwerder	D	IV
Birnbaum	D	IV
Bischheim	D	
Bischofsburg	D	III
Bischofsheim (Hessen)	D	IV
Bischweiler	D	
Biskupitz (Landgem.)	D	IV
Bismarckhütte	D	IV
Bitsch	C	
Bitburg	D	IV
Bitterfeld	D	III
Blankenburg a. Harz	D	
Blankenburg i. d. M.	D	IV
Blankenburg (Schwarzatal)	D	IV
Blankenese	C	II
Blasewitz	B	
Blexen	D	
Bliersheim	D	IV
Blumenthal i. Hann.	D	III
Bocholt	C	II
Bochum	B	I
Böhlitz-Ehrenberg	D	
Bövinghausen bei Kastrop	D	IV
Bövinghausen b. Lütgendortmund	D	IV
Bogutschütz (mit Zawodzie)	D	IV
Bojanowo	D	IV
Bolkenhain	D	IV
Bommelsvitte	D	
Bonn	B	I
Boppard	D	IV
Borbeck	C	I
Borna	D	
Bornstedt	D	IV
Borsdorf	D	IV
Borsigwalde s. Wittenau		
Bottrop	D	II
Bous	D	IV
Boxhagen-Rummelsb.	B	II
Brackel b. Dortmund	D	IV
Brandenburg a. Havel	C	I
Braunsberg i. Ostpr.	D	III
Braunschweig	C	I
Brebach	D	IV
Breisach (Alt-Breisach)	D	
Bremen	B	A
Bremerhaven	C	I
Breslau	B	A
Bretten	D	
Brieg	C	II
Briesen (Westpr.)	D	IV
Briesnitz	D	
Britz (Kr. Angerm.)	B	IV
Brockau	C	III
Brösen	D	I
Bromberg	C	I
Bruchsal	C	
Bruck	D	
Brühl	D	IV
Brunshaupten (Seeb.)	D	IV
Buch	D	IV
Buchholz	D	
Budenheim	D	IV
Bückeburg	D	III
Büdingen	D	IV
Bühl	D	
Bühlau (mit Quohren)	D	
Bünde	D	IV
Buer (mit Hugo)	D	III
Bütow	D	IV
Bützow	D	
Buk	D	IV
Bunzlau	D	III
Burg (Bremen)	D	
Burg a. d. Ihle	D	II
Burgdamm	D	IV
Burgstädt	D	
Burgsteinfurt	D	IV
Busendorf	D	
Butzbach	D	III

C

(siehe auch K.)

	Ortsklasse	
Calau	D	IV
Callnberg	D	
Calw	D	
Carlsbrunn	D	IV
Cassel	C	I
Castellaun	D	IV
Celle	C	II
Charlottenburg	A	A
Chemnitz	C	
Chorzow	D	IV
Christburg	D	IV
Chropaczow	D	IV
Coblenz	C	I
Cochem	D	IV
Cöln a. Rhein	A	A
Cöpenick	C	II
Cöthen	D	II
Colmar (Elsaß)	C	
Conz	D	IV
Copitz	D	
Corny	D	
Cossebaude	D	
Coswig (Sachsen)	D	
Crailsheim	D	
Crefeld	C	I
Creuzthal s. Ernsdorf		
Crimmitschau	D	
Culm	C	III
Culmsee	D	III
Cuxhaven	C	I
Czarnikau	D	IV

D

	Ortsklasse	
Dahlem (Berlin)	A	III
Dahlhausen (Ruhr)	D	IV
Dallgow	D	IV
Danzig	B	I
Darkehmen	D	IV
Darmstadt	C	I
Daun	D	IV
Debschwitz	D	
Delitzsch	D	III
Delme	D	
Delmenhorst	D	
Demmin	D	III
Dessau	C	I
Detmold	D	II
Deuben	D	IV

	Ortsklasse
Deutsch Eylau	C III
Deutsch Krone	C III
Deutsch Lissa	D IV
Deutsch-Oth	D
Deutsch Wilmersdorf	A A
Dieburg	D III
Diedenhofen	C
Dieuze	D
Diez	C III
Dillenburg	D III
Dillingen a. d. Donau	D
Dillingen a. d. Saar	C IV
Dill-Weißenstein	D
Dinslaken	D IV
Dirschau	C III
Dittersbach	D IV
Dockenhuden	C III
Doberan	D
Döbeln	D
Dölitz (Sachsen)	D
Dom Brandenburg	D III
Dömitz	D III
Dommeldingen	D
Donaueschingen	D
Dornach	D
Dornap s. Wülfrath	
Dorsten	D IV
Dorstfeld	D IV
Dortmund	B I
Dramburg	D IV
Dresden	B
Driburg	D IV
Driesen	D IV
Drossen	D III
Düdelingen	D
Dudweiler	D III
Dülken	D IV
Dümpten	D IV
Düren	C II
Düsseldorf	A I
Duisburg	C I
Durlach	C
Dziedit	II

E

	Ortsklasse
Eberbach	D
Eberswalde	C II
Eckenheim	D IV
Eckernförde	D III
Ehrenbreitstein	C I
Eibenstock	D
Eichstätt	D
Eichwalde	C IV
Eickel	D IV
Eidelstedt	D IV
Eilenburg	D III
Einbeck	D III
Einsiedel	D
Eiringhausen (Ldg. Plettenberg)	D IV
Eisenach	C II
Eisleben	D II
Eitorf	D IV
Elberfeld	C I
Elbing	C I
Ellefeld	D
Ellerbek	C II
Ellwangen	D
Elmschenhagen	C IV
Elmshorn	D III
Elten	D IV
Eltville	D III
Emden	C II
Emmendingen	C
Emmerich	D III
Ems	C II
Engers	D III
Ensdorf	D IV
Eppstein	D IV
Erfurt	C I
Erkelenz	D III
Erkner	C IV
Erlangen	D
Ernsdorf (mit Creuzthal)	D IV
Esch	D
Eschersheim	D IV
Eschwege	D III
Eschweiler	C II
Essen	B I
Eßlingen	D
Ettlingen	C
Eupen	D III
Euskirchen	D III
Eutin	D IV
Eving	D I
Exin	D IV
Eydtkuhnen	D III

F

	Ortsklasse
Fahrnau	D
Falkenberg (Mark)	D IV
Falkenhagen (Priegn.)	D IV
Falkenstein i. Sachsen	D
Falkenstein a. Taunus	D IV
Fechenheim	D IV
Fentsch	D
Feudenheim	D
Filehne	D IV
Finsterwalde	D IV
Fischhausen	D IV
Flatow	D IV
Flensburg	C I
Flöha	D
Forbach	D
Förde (m. Grevenbrück)	D IV
Forst i. d. Lausitz	C II
Frankenberg i. Sachsen	D
Frankenberg (Bez. Cass.)	D IV
Frankenstein i. Schles.	D IV
Frankfurt a. M.	A A
Frankfurt a. d. Oder	C I
Französisch-Buchholz	D IV
Frauendorf	D IV
Fraulautern	D IV
Fraustadt	D III
Fredersdorf	D IV
Freiberg	D
Freiburg i. Breisgau	B
Freiburg i. Schlesien	D III
Freienwalde a. d. Oder	D III
Freisenbruch	D IV
Freising	C
Freudenstadt	D
Friedberg	C III
Friedeberg i. d. Neum.	D IV
Friedenau	A A
Friedland (Meckl.)	D
Friedrichroda	D IV
Friedrichsdorf	D IV

	Ortsklasse	
Friedrichsfelde b. Berlin (m. Karlshorst)	B	II
Friedrichshagen b. Berl.	C	III
Friedrichsort	D	IV
Friedrichsthal (mit Bildstock)	D	IV
Friemersheim	D	IV
Fritzlar	D	IV
Fürstenberg a. d. Oder	D	IV
Fürstenwalde	C	II
Fürth (Bayern)	C	
Fuhlsbüttel	D	IV
Fulda	D	III
Furtwangen	D	

G

	Ortsklasse	
Gaarden (Landgem.)	C	III
Gadderbaum	D	IV
Gardelegen	D	III
Gartz a. d. Oder	D	IV
Gau-Algesheim	D	IV
Gebweiler	D	
Geestemünde	C	I
Geilenkirchen-Hünshov.	D	IV
Geisenheim	D	III
Geislingen	D	
Geistingen (Landgem. außer Hennef)	D	IV
Geisweid s. Klafeld		
Geithain	D	
Geldern	D	IV
Gelnhausen	D	IV
Gelsenkirchen	B	I
Gemünden	D	IV
Genthin	D	IV
Gera	C	I
Gerdauen	D	IV
Germersheim	C	
Gernsheim	D	
Gerolstein	D	IV
Gerresheim	C	III
Gevelsberg	D	III
Giesenberg-Sodingen	D	IV
Gießen	C	II
Gladbeck	D	III
Glatz	C	II
Glauchau	D	
Gleiwitz	C	I
Glogau	C	II
Glowno	D	IV
Glücksburg	D	IV
Glückstadt	D	III
Gmünd	D	
Gnesen	C	II
Goch	D	IV
Godesberg	C	III
Göppersdorf b. Burgstädt	D	
Göppingen	C	
Görbersdorf	D	IV
Görlitz	C	I
Göttingen	D	II
Goldap	C	III
Gollnow	D	III
Gollub	D	IV
Gonsenheim	D	IV
Gorbitz	D	
Goslar	D	III
Gostyn	D	IV
Gotha	D	II
Gottesberg i. Schlesien	D	III
Gotzlow	D	IV
Gräbschen	D	IV
Gräfrath	D	III
Grätz	D	IV
Graudenz	B	I
Greifenberg i. Pomm.	D	III
Greifenhagen	D	IV
Greifswald	D	II
Greiz	D	
Gremsmühlen	D	IV
Grenzach	D	
Grevenbroich	D	IV
Grevenbrück s. Förde		
Griesheim	D	III
Griesheim a. Main	C	III
Grimma	D	
Grohn	D	IV
Gronau i. Westfalen	D	IV
Großenhain	D	
Groß-Flottbek	C	IV
Groß-Gerau	D	IV
Groß-Lichterfelde	A	I
Groß-Moyeuvre	D	
Groß-Strehlitz	D	III
Grottkau	D	III
Grünau i. d. Mark	B	III
Grünberg i. Schlesien	C	II
Grunewald (Kolonie) b. Berlin	A	II
Guben	C	II
Güstrow	D	
Gütersloh	D	III
Gumbinnen	C	II
Gummersbach	D	III
Gunzenhausen	D	
Gustavsburg	D	IV
Guttstadt	D	IV

H

	Ortsklasse	
Habelschwerdt	D	IV
Hachenburg	D	IV
Hadamar	D	IV
Hadersleben	C	II
Hagen i. Westfalen	B	I
Hagenau	C	
Hagendingen	D	
Haiger	D	IV
Hainichen	D	
Halberstadt	C	I
Halbstadt		III
Hall	D	
Halle a. d. Saale	C	I
Halstenbek	D	IV
Halver (Ldg. Halver)	D	IV
Hamborn	D	III
Hamburg	B	A
Hameln	D	II
Hamm i. Westfalen	C	II
Hanau-Kesselstadt	C	II
Hannover	C	I
Harburg a. d. Elbe	C	I
Hardenberg (mit Neviges u. Tönisheide)	D	IV
Hartlieb	D	
Harzburg (Bad)	D	IV
Haspe	D	III
Hassee	D	IV
Hattingen a. d. Ruhr	D	III

	Ortsklasse
Hausen	D IV
Havelberg	D IV
Hayingen	D
Haynau	D III
Hechingen	D IV
Heddernheim	D IV
Heerdt (m. Ober-Cassel)	C IV
Heide i. Holstein	D IV
Heidelberg	B I
Heidenau	D
Heidenheim (Württ.)	D
Heidenheim (Hessen)	D IV
Heilbronn	C
Heiligenbeil	D IV
Heiligenhaus	D IV
Heiligenstadt	D IV
Heilsberg	D IV
Heinersdorf b. Pankow	C I
Heißen	D IV
Helgoland (Insel)	C III
Helmstedt	D III
Hemelingen	D III
Hemer (Ober- und Nieder-)	D IV
Hennef (Ldg. Geisting.)	D IV
Heppenheim a. d. Bergstraße	D III
Heppens	B
Herborn	D IV
Herdecke	D IV
Herford	D II
Heringsdorf (Seebad)	D IV
Herischdorf	D IV
Hermsdorf i. d. Mark	B IV
Hermsdorf unt. Kynast	D IV
Hermülheim	D IV
Herne	C II
Herrenberg	D
Hersfeld	D III
Herten	D III
Herzogenrath	D IV
Heumar (mit Porz und Urbach)	D IV
Heydekrug	D IV
Hiesfeld	D IV
Hildburghausen	D III
Hilden	D III

	Ortsklasse
Hildesheim	C I
Hillesheim	D IV
Hirschberg i. Schlesien	C II
Hoch-Emmerich	D IV
Hochheim	D IV
Höchst a. Main	C II
Hönheim	D
Hörde	B II
Höxter	D III
Hof	C
Hofgeismar	D III
Hofheim	D IV
Hohenbudberg-Kaldenhausen	D IV
Hohenlimburg	D III
Hohenlinde (früher Ober- und Mittel-Lagiewnik)	D IV
Hohen-Neuendorf	D IV
Hohensalza	C II
Hohenschönhausen bei Berlin	B I
Hohenstein i. Ostpr.	D IV
Hohenstein-Ernstthal	D
Hoherlöhme	C III
Hollerich	C
Holtenau	D IV
Homberg a. Rhein	D IV
Homberg (Bez. Cassel)	D IV
Homburg v. d. Höhe	B I
Honnef	D III
Horb	D
Horn	D
Horst a. d. Emscher	D III
Horst a. d. Ruhr	D IV
Hoyerswerda	D IV
Hüningen	D
Hünshoven s. Geilenkirchen	
Hugo s. Buer	
Hultschin	D IV
Husum	D III

J

	Ortsklasse
Janow	D IV
Jarotschin	D IV
Jauer	D III
Idar	C
Idstein	D IV
Jena	C II
Illingen-Gennweiler	D IV
Ilmenau	C III
Ilversgehofen	D III
Ingelheim s. Ober- u. Nieder-Ingelheim	
Ingolstadt	C
Insterburg	C II
Johannisburg	D IV
Johannisthal b. Berlin	B III
Iserlohn	C II
Itzehoe	D III
Jungfernheide siehe Plötzensee	
Jülich	D III
Jüterbog m. Schießpl.	D III
Jugenheim	D IV

K

(siehe auch C)

	Ortsklasse
Kaiserslautern	C
Kalbe a. d. Saale	D III
Kalk mit Bahnhof	C II
Kalkberge i. d. Mark	D IV
Kamen	D IV
Kamenz (Sachsen)	D
Kammin i. Pommern	D IV
Kandern	D
Kandrzin-Pogorzelletz	D IV
Karf	D IV
Karlshorst s. Friedrichsfelde b. Berlin	
Karlsruhe	B
Karnap	D IV
Karthaus i. Westpr.	D IV
Kastrop	D III
Katernberg	D III
Kattowitz i. Oberschl.	B I
Kaukehmen	D IV
Kaulsdorf	D IV
Kayl	D
Kehl (Stadt)	C
Kehl (Dorf)	C

	Ortsklasse	
Kellinghusen	D	IV
Kemnitz	D	
Kempen i. Posen	D	IV
Kempen i. Rheinland	D	III
Kempten	D	
Kettwig	D	IV
Keuschberg	D	IV
Kevelaer	D	IV
Kiel	B	I
Kirchberg (Sachsen)	D	
Kirchen (Sieg)	D	IV
Kirn	D	IV
Kissingen (Bad)	C	
Kitzingen	D	
Klafeld (mit Geisweid)	D	IV
Klausthal	D	III
Klein-Flottbek	C	II
Klein-Mochbern	D	III
Klein-Schönebeck	D	IV
Klein-Tschansch	D	IV
Kleinzschachwitz	D	
Klettendorf	D	IV
Kleve	C	III
Klingenthal	D	
Klotzsche	D	
Kneuttingen	D	
Königsberg i. d. Neum.	D	III
Königsberg i. Preußen	B	I
Königsbrück	D	
Königshütte i. Oberschlesien	C	I
Königssteele	D	IV
Königstein a. d. Elbe	D	
Königstein a. Taunus	C	III
Königswinter	D	III
Königs-Wusterhausen	C	IV
Kösen (Bad)	D	III
Koesfeld	D	III
Köslin	D	II
Kötzschenbroda	D	
Kolberg	C	II
Kolmar i. Posen	D	IV
Konitz	D	III
Konstadt	D	IV
Konstanz	B	
Koschmin	D	IV
Kosel	C	III
Kosten	D	IV
Kostheim	D	
Kottbus	C	I
Krakau (Magdeburg)	D	IV
Kranz (Seebad)	D	IV
Krappitz	D	IV
Kratzwiek (Ldg. Stolzenhagen)	D	IV
Kray	D	IV
Kreuzburg i. Oberschl.	C	III
Kreuznach	C	II
Kronberg	C	III
Kronenberg	D	IV
Krossen a. d. Oder	C	III
Krotoschin	D	III
Küppersteg s. Wiesdorf		
Kürenz	D	IV
Küstrin	D	II
Kupferdreh	D	IV
Kupferhammer-Grünthal	D	
Kyllburg	D	IV
Kyritz	D	III

L

	Ortsklasse	
Laasphe	D	IV
Labes	D	III
Labiau	D	IV
Laboe	D	IV
Ladenburg	D	IV
Laer	D	IV
Lahr	C	
Lampertheim	D	III
Landau	C	
Landeck i. Schlesien	D	III
Landeshut i. Schlesien	D	III
Landsberg a. Lech	D	
Landsberg a. d. Warthe	D	II
Landsberg i. Oberschl.	D	IV
Landshut	D	
Langebrück	D	
Langen	D	IV
Langenberg (Rheinld.)	D	III
Langenbielau	D	III
Langendreer	D	III
Langenhorn	D	IV
Langensalza	D	III
Langenschwalbach	D	II
Langerfeld	D	III
Lankwitz b. Berlin	B	II
Lauban	D	III
Laubegast	D	
Lauenburg i. Pomm.	D	III
Laurahütte	C	III
Lausigk	D	
Lauterbach (Hessen)	D	
Lebach	D	IV
Leer i. Ostfriesland	D	III
Lehe	C	I
Lehrte	D	IV
Leipzig	B	A
Leisnig	D	
Lengenfeld i. Vogtl.	D	
Lennep	C	III
Leobschütz	D	II
Leonberg	D	
Leopoldshall	D	II
Leopoldshöhe (Ldg. Weil)	D	
Lesum	D	III
Letmathe	D	IV
Leuben	D	
Leutkirch	D	
Leutzsch	D	IV
Lich	D	III
Lichtenberg b. Berlin	B	II
Lichtenrade	D	IV
Lichtenstein	D	
Liebau	D	IV
Liegnitz	C	I
Limbach	D	
Limburg a. d. Lahn	C	III
Lindau i. Bodensee	C	
Linden	D	IV
Linden i. Hannover	C	I
Lingen	D	III
Linnich	D	IV
Linz a. Rhein	D	IV
Lipine	D	IV
Lippstadt	D	III
Lissa	C	II
Littenweiler	D	
Löbau i. Westpreußen	D	IV

	Ortsklasse
Löbau (Sachsen)	D
Lörrach	C
Lößnitz	D
Lötzen	C III
Löwenberg i. Schlesien	D III
Lokstedt	D III
Longeville b. Metz	C
Lorsch	D
Loschwitz	C
Loslau	D IV
Lublinitz	D IV
Luckau	D IV
Luckenwalde	D III
Ludwigsburg	C
Ludwigshafen a. Rh.	C
Ludwigslust	D III
Lübars (mit Waidmannslust)	D IV
Lübbecke	D IV
Lübben	D III
Lübbenau	D IV
Lübeck	C
Lüben i. Schlesien	D III
Lüdenscheid (Stadt)	C II
Lüneburg	D II
Lünen	D IV
Lütgendortmund	D III
Lüttringhausen	D III
Lugau	D
Luschwitz	D IV
Luxemburg	C
Lyk	C III

M

	Ortsklasse
Magdeburg	C I
Mainz	B I
Maizières b. Metz	D
Malchin	D
Malente	D
Malmedy	D III
Mannheim	B I
Marburg	C II
Marggrabowa	D IV
Marienberg i. Westerwald	D IV
Marienberg (Sachsen)	D
Marienburg i. Westpr.	C III
Mariendorf b. Berlin	B IV
Marienfelde b. Berlin	C IV
Marienwerder	C III
Markirch	C
Markneukirchen	D
Mayen	D III
Meerane	D
Mehlem	D IV
Meiningen	D II
Meißen	D
Meldorf	D IV
Memel	D II
Menden	D III
Mengede	D IV
Menglinghausen	D IV
Meppen	D III
Mergentheim	D
Merklinde	D IV
Merseburg	D II
Merzig	D IV
Merzlich	D IV
Meschede	D IV
Meseritz	D III
Mettmann	D III
Metz	B
Mewe	D III
Miechowitz	D IV
Mikultschütz	D IV
Militsch (Stadt)	D III
Minden i. Westfalen	D II
Misdroy (Seebad)	D IV
Mittel-Neuland	D IV
Mittweida	D
Möckern	D IV
Mörchingen	C
Mörs	D IV
Mogilno	D IV
Mohrungen	D IV
Montabaur	D IV
Montigny bei Metz	B
Montjoie	D IV
Moorfleth	D
Morgenroth (Bahnhof) s. Orzegow ...	
Moritzberg	D IV
Mosbach	D
Moschin	D IV
Moulins bei Metz	D
Mudersbach	D IV
Mügeln	D
Mühlhausen i. Thür.	D II
Mülhausen i. Elsaß	B
Mülheim a. Rhein	B I
Mülheim a. d. Ruhr	C I
Müllheim	D
München	A
München-Gladbach (Stadt)	C I
München-Gladbach, Ldgm. (Obergeburth)	D II
Münden a. d. Werra	D III
Münster a. Stein (Bad)	D IV
Münster i. Elsaß	D
Münster i. Westf.	C I
Münsterberg i. Schles.	D IV
Muskau	D IV
Mutzig	D
Myslowitz	C III

N

	Ortsklasse
Nakel	D III
Namborn	D IV
Namslau	D III
Nassau	D IV
Nauen	D III
Naugard	D III
Naumburg a. d. Saale	C II
Nauheim (Bad)	C II
Neckarelz	D
Neckargemünd	D
Neheim	D IV
Neidenburg	D IV
Neisse	C II
Neubrandenburg	D III
Neubreisach	D
Neuburg a. d. Donau	D
Neuenahr	D IV
Neuenburg i. Westpr.	D IV
Neu-Ende	B
Neuendorf s. Nowawes	
Neuenhagen	D IV
Neugersdorf	D

	Ortsklasse	
Neuhaldensleben	D	III
Neuhaus i. Westf.	D	III
Neu-Heiduk	D	IV
Neu-Isenburg	D	III
Neukuhren (Seebad)	D	IV
Neumark i. Westpr.	D	IV
Neumarkt i. d. Oberpf.	D	
Neumarkt i. Schlesien	D	IV
Neumühlen-Dietrichsdorf	C	III
Neumünster	C	II
Neunkirchen (Bez. Trier)	C	II
Neurode	D	IV
Neu-Ruppin	C	II
Neusalz a. d. Oder	D	III
Neuß	C	II
Neustadt i. Oberschl.	C	II
Neustadt i. Sachsen	D	
Neustadt i. Schwarzw.	D	
Neustadt i. Westpr.	D	IV
Neustettin	D	III
Neustrelitz	D	II
Neuteich	D	IV
Neutomischel	D	IV
Neu-Ulm	C	
Neu-Welzow	D	IV
Neuwied	D	III
Neviges s. Hardenberg		
Nied	D	IV
Nieder-Dollendorf	D	IV
Nieder-Hemer s. Hemer		
Nieder-Hermsdorf	D	IV
Nieder-Jeutz	D	
Nieder-Ingelheim	D	
Niederlahnstein	D	III
Niederlößnitz	D	
Nieder-Mendig	D	IV
Niederpoyritz	D	
Nieder-Salzbrunn	D	IV
Nieder-Schelden	D	IV
Niederschlema	D	
Nieder-Schöneweide	B	III
Nieder-Schönhausen	B	III
Niedersedlitz	D	
Nieder-Wüstegiersdorf	D	III
Nienburg a. d. Weser	D	III

	Ortsklasse	
Nienstedten	D	IV
Nierstein	D	IV
Niesky	D	IV
Nikolai	D	IV
Nikolassee	C	III
Nilvingen	D	
Norden	D	III
Nordenham	D	
Norderney (Insel)	D	IV
Nordhausen	D	II
Northeim	D	III
Novéant	D	
Nowawes (m. Neuendorf)	C	III
Nürnberg	C	

O

	Ortsklasse	
Ober-Dollendorf	D	IV
Oberfrohna	D	
Obergeburth s. München-Gladbach (Ldg.)		
Ober-Glogau	D	IV
Oberhausen	C	I
Ober-Hemer s. Hemer.		
Ober-Jeutz	D	
Ober-Ingelheim	D	
Ober-Kassel (Siegkreis)	D	IV
Ober-Kassel (Kr. Neuß) s. Heerdt		
Oberkirch	D	IV
Oberlahnstein	D	III
Oberlößnitz	D	
Oberlungwitz	D	
Oberndorf	D	
Ober-Salzbrunn (Bad Salzbrunn)	D	IV
Oberschöneweide	B	III
Oberstein	C	III
Ober-Ursel	C	III
Obornik	D	IV
Odenkirchen	D	III
Oderberg (Österr.)		II
Öderan	D	
Öhringen	D	
Ölde	D	IV
Öls i. Schlesien	D	III
Ölsnitz	D	
Oettingen	D	
Ötzsch	D	
Oeynhausen (Bad)	C	III
Offenbach	B	I
Offenburg	D	
Ohlau	D	III
Ohligs	C	II
Ohlsdorf	D	IV
Ohra	D	III
Olbernhau	D	
Oldenburg i. Gr.	D	
Oldesloe	D	III
Oliva	D	IV
Olpe (Stadt)	D	IV
Opalenitza	D	IV
Opladen	D	IV
Oppeln	C	II
Oppenheim	D	III
Oranienburg	D	III
Orb	D	
Ortelsburg	D	IV
Orzegow (Gut) mit Bahnhof Morgenroth	D	III
Oschatz	D	
Oschersleben	D	III
Osnabrück	C	I
Osterfeld (Westf.)	D	III
Osterholz	D	IV
Osterode a. Harz	D	III
Osterode i. Ostpr.	C	II
Osthofen	D	IV
Ostrowo	C	II
Oswiezim (Österr.)		II
Otterndorf	D	III
Ottmachau	D	IV
Ottweiler	D	III

P

	Ortsklasse	
Paderborn	D	II
Pakosch	D	IV
Pankow b. Berlin	B	I
Papenburg	D	III
Parchim	D	
Pasewalk	D	III
Passau	C	

	Ortsklasse	
Patschkau	D	IV
Pegau	D	III
Peine	D	III
Penig	D	
Perleberg	D	IV
Pfaffendorf (Kr. Kobl.)	C	II
Pfalzburg	D	
Pforten	D	
Pforzheim	C	
Pfungstadt	D	III
Pichelsdorf	D	IV
Pillau	D	III
Pillkallen	D	IV
Pillnitz	D	
Pinne	D	IV
Pinneberg	D	IV
Pirna	C	
Plauen i. Vogtland	B	
Pleschen	D	IV
Pleß	C	III
Plettenberg (Stadt) m. Bahnhof	D	IV
Plön	D	III
Plötzensee bei Berlin (m. Jungfernheide)	A	A
Podgorz	D	IV
Pößneck	D	III
Polch	D	IV
Porz s. Heumar		
Posen	B	I
Potschappel	D	
Potsdam	B	I
Praunheim	D	
Preetz (Stadt)	D	III
Prenzlau	D	II
Preungesheim	D	
Preußisch-Eylau	D	IV
Preußisch-Friedland	D	IV
Preußisch-Holland	D	IV
Preußisch-Stargard	C	III
Pries	D	IV
Prinzenthal	D	IV
Pritzwalk	D	IV
Prostken	D	IV
Prüm	D	III
Pudewitz	D	IV
Püttlingen	D	IV
Putbus	D	III
Putzig	D	IV
Pyritz	D	III
Pyrmont	D	III

Q

	Ortsklasse	
Quedlinburg	C	II
Quohren s. Bühlau		

R

	Ortsklasse	
Radeberg	D	
Radebeul	D	
Radevormwald	D	IV
Radolfzell	D	
Ragnit	D	III
Rahnsdorf (mit Wilhelmshagen)	D	IV
Rappoltsweiler	D	
Rastatt	C	
Rastede	D	
Rastenburg	C	III
Rath	C	III
Rathenow	C	II
Ratibor	C	II
Ratingen	D	III
Ratzeburg	D	III
Rauschen (Seebad)	D	IV
Ravensburg	C	
Rawitsch	D	III
Recklinghausen (Stadt)	C	II
Recklinghausen (Landgemeinde)	D	II
Rees	D	IV
Regensburg	C	
Reichenbach i. Schles.	D	III
Reichenbach i. Vogtl.	D	
Reichenbrand	D	
Reichersberg	D	
Reinbek	D	III
Reinerz (Bad)	D	IV
Reinfeld	D	IV
Reinickendorf b. Berlin	B	II
Reisholz b. Düsseldorf	D	III
Rellingen	D	IV
Rellinghausen	D	IV
Remagen	D	III
Remilly	D	
Remscheid	C	I
Rendsburg	D	II
Reutlingen	C	
Rheinau	D	
Rheinberg	D	IV
Rheine	D	III
Rheydt	C	II
Richterich	D	IV
Richtersdorf	D	IV
Riedisheim	D	
Riesa	D	
Riesenburg	D	IV
Rilchingen-Hanweiler	D	IV
Rixdorf	A	A
Rochlitz	D	
Rödelheim	C	III
Rössel		IV
Rogasen	D	III
Rombach	D	
Ronsdorf	D	III
Rasenberg i. Oberschles.	D	IV
Rosenberg i. Westpr.	D	IV
Rosenheim	C	
Roßberg	D	IV
Roßlau	D	III
Roßwein	D	
Rostock	C	
Rothenbach	D	IV
Rothenfelde (Bad)	D	IV
Rotthausen	D	IV
Rottweil	D	
Ruda	D	III
Rudolstadt	D	II
Rüdersdorfer Kalkberge s. Kalkberge		
Rüdesheim a. Rhein	C	III
Rümelingen	C	
Rüsselsheim	D	IV
Ruhla	D	
Ruhleben	C	III
Rummelsburg i. Pom.	D	IV
Rybnik	D	IV

S

	Ortsklasse	
Saalfeld i. Thür.	D	III
Saarbrücken	B	I

	Ortsklasse	
Saarburg i. Lothr.	C	
Saarburg (Bz. Trier)	D	IV
Saargemünd	C	II
Saarlouis	C	II
Sablon	B	
Säckingen	D	
Sagan	D	III
Saint-Julien	D	
Salzbrunn (Bad) siehe Ober-Salzbrunn ..		
Salzuflen	D	IV
Salzwedel	D	II
Samter	D	IV
Sangerhausen	D	II
Sankt Avold	D	
Sankt Georgen i. Breisgau	D	
Sankt Georgen i. Schwarzwald	D	
St. Goar	D	IV
St. Goarshausen	D	IV
Sankt Ludwig	D	
Sankt Magnus	D	IV
St. Matthias-Medard-Feyen	C	IV
St. Mauritz	D	III
St. Wendel	D	III
Saßnitz (Seebad)	D	III
Schandau	D	
Scharmbeck	D	IV
Schedewitz	D	
Schierstein	D	IV
Schiffbek	D	IV
Schildberg	D	IV
Schiltigheim	C	
Schkeuditz	D	IV
Schlawe i. Pommern	D	IV
Schleswig	C	I
Schlettstadt	D	
Schleusenau	D	IV
Schlochau	D	IV
Schlüchtern	D	IV
Schlutup	D	
Schmalkalden	D	III
Schmargendorf b. Berl.	B	A
Schmiedeberg	D	
Schmiedeberg i. Schl.	D	IV
Schmiegel	D	IV
Schmöckwitz	D	IV
Schmölln	D	
Schneeberg (Mark)	D	IV
Schneeberg (Sachsen)	D	
Schneidemühl	C	II
Schnelsen	D	IV
Schocken (Stadt)	D	IV
Schönau b. Chemnitz	D	
Schönau in Wiesenthal	D	
Schönebeck	D	III
Schöneberg b. Berlin	A	A
Schöneck	D	IV
Schönefeld b. Leipzig	D	IV
Schönlanke (Stadt) mit Oberförsterei	D	IV
Schopfheim	D	
Schoppinitz	D	IV
Schotten	D	IV
Schreiberhau	D	IV
Schrimm	D	III
Schroda	D	IV
Schüttorf	D	IV
Schwarzenberg	D	
Schwedenhöhe	D	IV
Schwedt a. d. Oder	D	III
Schweidnitz	C	II
Schwelm	D	III
Schwerin (Meckl.)	C	
Schwersenz (Stadt)	D	IV
Schwerte	D	III
Schwetz (Stadt) a. d. Weichsel	D	IV
Schwetzingen	D	III
Schwiebus	D	IV
Schwientochlowitz	D	III
Sebaldsbrück	D	IV
Sebnitz	D	
Seegefeld	D	IV
Seelze	D	IV
Segeberg	D	III
Seligenstadt	D	III
Senftenberg	D	IV
Sensburg	C	III
Siegburg	D	III
Siegen	C	II
Siegmar	D	
Siemianowitz	C	III
Sigmaringen	D	IV
Simmern	D	IV
Singen	D	IV
Sinsheim	D	
Sinzig	D	IV
Skalmierzyce	D	IV
Sobernheim	D	IV
Soden (Bad)	C	IV
Sölde	D	IV
Soest	D	III
Soldau i. Ostpreußen	D	III
Solingen	C	I
Sommerfeld (Preußen)	D	III
Sommerfeld (Sachsen)	D	
Sonderburg	D	II
Sondershausen	D	III
Sonneberg	D	III
Sonnenberg	C	IV
Sorau i. d. Niederl.	D	III
Soßnitza	D	IV
Spandau	B	I
Speyer	C	
Spremberg i. d. Lausitz	D	IV
Sprottau	D	III
Stade	D	II
Stahnsdorf	D	IV
Stallupönen	D	III
Stargard i. Pommern	D	II
Staßfurt	D	II
Staufen	D	
Steele	D	III
Steglitz	A	A
Stellingen	C	III
Stendal	D	II
Stenschewo	D	IV
Sterkrade	D	III
Sternberg (Meckl.)	D	
Stettin	B	I
Stetzsch	D	
Stötteritz b. Leipzig	D	
Stolberg b. Aachen	C	II
Stollberg (Sachsen)	D	
Stolp i. Pommern	C	II
Stolpmünde	D	IV
Stoppenberg	D	IV
Stralau b. Berlin	B	A

	Ortsklasse
Stralsund	C II
Strasburg i. Westpr.	D III
Straßburg i. Elsaß	B
Straubing	D
Strausberg	D IV
Strehlen i. Schlesien	D III
Strelno	D IV
Striegau	D III
Stuhm	D IV
Stuttgart	B
Suhl	D III
Sulzbach (Oberpfalz)	D III
Sulzbach (Kr. Saarbrücken)	D III
Swinemünde	C II

T

	Ortsklasse
Tangermünde	D IV
Tapiau	D IV
Tarnowitz	C III
Tasdorf	D IV
Tauberbischofsheim	D
Taucha	D
Tegel (Landgemeinde) mit Tegel Schloß u. forstfiskalischem Gutsbezirk, außer Plötzensee und Jungfernheide	B II
Teltow	D IV
Tempelhof b. Berlin	A A
Templin	D IV
Teterow	D IV
Tetingen	D
Thale a. Harz	D III
Thann	D
Tharandt	D
Thießow	D IV
Thorn	C I
Tiegenhof	D IV
Tilsit	C II
Todtmoos	D
Todtnau	D
Tönisheide s. Hardenberg	
Tönning (Stadt)	D IV
Tondern	D III
Torgau	D II
Tost	D IV
Traben-Trarbach	D IV
Traunstein	D
Travemünde	D
Trebbin	D IV
Trebnitz i. Schlesien	D IV
Tremessen	D IV
Treptow a. d. Rega	D III
Treptow b. Berlin	A II
Triberg	D
Trier	C I
Troisdorf	D IV
Tuchel	D IV
Tübingen	D
Tuttlingen	D

U

	Ortsklasse
Überlingen	D
Ückermünde	D III
Ueckingen	D
Ülzen	D III
Ürdingen	C III
Ukta	D IV
Ulm	C
Unkel-Scheuern	D IV
Unna	C III
Untermhaus	D
Urach	D
Urbach s. Heumar	

V

	Ortsklasse
Vacha	D IV
Vaihingen a. d. Enz	D
Vegesack	D
Velbert	D III
Velten	D IV
Venlo	D I
Verden i. Hannover	D III
Viernheim	D III
Viersen	D III
Vigy	D
Vilbel	D IV
Vilich (mit Beuel)	D IV
Villingen	D IV
Vingst	D IV
Völklingen	C III
Vörde (m. Altenvörde)	D IV
Vohwinkel	D III

W

	Ortsklasse
Wachwitz	D
Wahren	D
Waidmannslust siehe Lübars	
Wald	D II
Waldbröl	D IV
Waldenburg i. Schles.	C II
Waldheim	D
Waldkirch	D
Waldshut	D
Waltersdorf	D IV
Waltershausen	D III
Wandsbek	C I
Wanne	D II
Wannsee	B II
Waren	D
Warendorf	D III
Warmbrunn	D III
Warnemünde	D
Warruß (Waruß)	D IV
Wasserbillig	D
Wattenscheid	C II
Wedel	D IV
Wehlau	D III
Wehrden (Saar)	D IV
Weichselmünde	D IV
Weiden	D
Weidenau	D IV
Weilburg	D III
Weilheim	D
Weimar	C
Weingarten	D IV
Weinheim	D III
Weischlitz (Ober- und Unter-)	D
Weisenau	D IV
Weißenburg (Elsaß)	D
Weißenfels	D II
Weißensee b. Berlin	B A

	Ortsklasse	
Weißenthurm	D	IV
Weißer Hirsch	B	
Weisstein (Weißstein)	D	IV
Weißwasser	D	IV
Weitmar	D	IV
Wellingdorf	C	III
Werden a. d. Ruhr	D	III
Werdau	D	
Werder a. d. Havel	D	IV
Werdohl (Ldg. Werdohl)	D	IV
Wermelskirchen	D	III
Werne (Landgem.)	D	IV
Wernigerode	D	III
Wertheim	D	
Wesel	D	II
Wesselburen	D	IV
Westerland	D	IV
Wetter (Ruhr)	D	IV
Wetzlar	D	III
Wiblingen	D	
Wiedenbrück	D	III
Wiesbaden	A	I
Wiesdorf (mit Küppersteg)	D	IV
Wiesloch	D	
Wildungen (Bad)	D	
Wilhelmsburg	C	II
Wilhelmshagen siehe Rahnsdorf		
Wilhelmshaven	B	II
Wilhelmshöhe (Schloß)	C	I
Wipperfürth	D	IV
Wirsitz	D	IV
Witkowo (Stadt)	D	IV
Witten a. d. Ruhr	C	II
Wittenau (mit Borsigwalde)	D	IV
Wittenberg	D	II
Wittenberge	D	III
Wittlich	D	IV
Wittstock	D	IV
Witzenhausen	D	IV
Wohlau	D	III
Wolfach	D	
Wolfenbüttel	D	II
Wolgast	D	III
Wollstein	D	IV
Woltersdorf b. Erkner	D	IV
Wongrowitz	D	IV
Worms	C	I
Wreschen	D	IV
Wriezen	D	III
Wronke	D	IV
Wülfrath (m. Dornap)	D	IV
Würselen	D	IV
Würzburg	C	
Wulsdorf	D	IV
Wurzen	D	

Z

	Ortsklasse	
Zabern	D	
Zaborze	C	II
Zabrze	C	II
Zalenze	D	IV
Zawodzie s. Bogutschütz		
Zehdenick	D	IV
Zehlendorf (Wannseebahn)	B	III
Zeitz	D	II
Zell a. d. Mosel	D	IV
Zell i. Wiesenthal	D	
Zellerfeld	D	IV
Zerbst	D	II
Ziegenhals	D	IV
Zinten	D	IV
Zittau	D	
Znin	D	IV
Zoppot	C	III
Zossen	D	IV
Zschopau	D	
Züllchow	D	III
Züllichau	D	III
Zweibrücken	C	
Zwickau	C	
Zwönitz	D	
Alle übrigen Ortschaften des Reichsgebiets und Luxemburgs	E	
Alle übrigen Ortschaften Preußens		IV

Kolibri 360 GmbH
Ferdinand-Jühlke-Straße 7
99095 Erfurt, Deutschland
produktsicherheit@kolibri360.de